Hans-Ruprecht Leiß
Dirk Luther

Schüsseltreiben

Hans-Ruprecht Leiß
Dirk Luther

Schüsselteiben

Ein Buch für Genießer

EDITION EICHTHAL

Michael Stitz ist Journalist und Buchautor. Der langjährige Kulturchef des Schleswig-Holsteinischen Zeitungsverlages (sh:z) lebt seit fast 10 Jahren mit seiner Familie auf Sylt. Dort leitet er das sh:z medienhaus sylt. Zu seinen publizistischen Schwerpunkten gehören auch zahlreiche Veröffentlichungen zu gastronomischen Themen.

Dies ist kein Kochbuch – auch kein Malbuch!

Warum man es gerade deshalb in die Hand nehmen sollte, erzählt der folgende Text von Michael Stitz.

Es gibt zwei Typen von Kunst- und Gourmet-Liebhabern, die bei Künstlern und Köchen Stirnrunzeln auslösen: Der erste gehört zur Spezies „Das-kann-ich-auch", der zweite zu der Gruppe „Können-Sie-mir-mal-zeigen- wie-das-geht".

Eigentlich sind diese Damen und – vorwiegend - Herren natürlich ohne Arg. Ja, sie wollen doch nur zeigen, dass sie sich für die bildende oder kulinarische Kunst leidenschaftlich interessieren und deshalb als Hobby-Maler oder Hobby-Koch quasi mit Kollegenblick die Werke eines Künstlers oder eines Küchenmeisters betrachten – nicht zuletzt aus dem Antrieb heraus, vielleicht eine Technik, einen bildnerischen Einfall oder eine ungewöhnlich Komposition in die eigene Küche oder das eigene Atelier zu übernehmen.

Sollte jetzt der eine oder die andere zucken und denken, ja, erwischt, genau das will ich, muss an dieser Stelle gesagt werden: das wird wohl nix.

Die komplexen Gerichte von Dirk Luther am heimischen Herd nachkochen zu wollen, führt nur zu Verdruss und Frust. Es treibt einen geradezu in die Wirren eines Bildes von Hans-Ruprecht Leiß, in dem man sich schnell verirren kann.

Und nun hinein ins Schüsseltreiben!

Allein der Begriff lässt ein Buch erwarten, das mit Essen und Jagd zu tun haben könnte. Kunst erwartet man nicht unbedingt. Schüsseltreiben wird bei Wikipedia so beschrieben:

Zum Ende einer Gesellschaftsjagd, insbesondere einer Treibjagd, erfolgt ein gemeinsames Essen der Jäger, Treiber und Hundeführer, das sogenannte Schüsseltreiben. Hierbei wird oft ein Jagdgericht einberufen, das Jäger, Treiber und Hundeführer „bestraft", die gegen das Brauchtum verstoßen haben. Warum der Titel für dieses Buch gewählt wurde, lässt sich durch den Künstler Hans-Ruprecht Leiß erklären: Er ist Jäger. Aus Passion und - wie mir zugetragen wurde - mit Ausdauer und Erfolg. Angler ist er übrigens auch. Fische und Wild bejagt er nicht nur, sie sitzen ihm quasi stets Modell. Wie Fabelwesen verwandeln sie sich unter den Farbstiften des Künstlers mal in skurrile, humoristische oder auch melancholische Figuren, die in teils schwer durchschaubaren, aber anspielungsreichen Szenen platziert sind.

Der Künstler lebt am Wasser, an der Flensburger Förde, eine der schönsten Förden Europas - behaupte ich als Lokalpatriot ungeschützt, aber aus Überzeugung. Von seinem Haus sind es nur wenige Minuten zum Alten Meierhof, dem ebenfalls - allerdings traumhaft direkt - an der Flensburger Förde gelegenen Hotel, der Wirkungsstätte von Dirk Luther.

Beliebt ist das prächtige Haus nicht nur wegen seiner überwältigenden Lage, dem elegant-lässigen Wohlfühl-Ambiente und den exklusiven Wellnessmöglichkeiten. Die Kulinarik ist ein mindesten ebenso starker Anreiz, den Alten Meierhof zu besuchen. Für das, was dort aufgetischt wird, genießt das Haus bundesweit großes Ansehen, wird es seit Jahren von den strengen, anonymen Fresspäpsten des Guide Michelin mit zwei von drei möglichen Sternen ausgezeichnet. Dirk Luther ist der Meister am Herd, dessen Kreationen die Gourmets und Testesser begeistern.

Mit Hans-Ruprecht Leiß, den alle nur Rups nennen, und Dirk Luther haben sich zwei echte Könner ihres Fachs zum Schüsseltreiben getroffen. Der eine erzählt aus seiner Küche, der andere lässt seiner Phantasie freien Lauf. Was sie verbindet ist die Kunst, mit scheinbar einfachen Vorgaben, Begegnungen oder Einfällen einen schöpferischen Prozess zu beginnen, an dessen Ende etwas Raffiniertes, Einmaliges, ja Kunstvolles steht.

Aus einer Marone wird ein Süppchen von solcher Geschmackstiefe und Intensität, dass man den Löffel bis auf den letzten Tropfen mit der Zunge absucht.
Aus einem Fisch kann ein ungeahnter Genuss werden, wenn Luther ihn räuchert, mit Kräutern und allerlei Beigaben zu einer komplexen Komposition entwickelt, die lange in den Sinnen der Genießer nachklingt.

Rups liebt Fischgerichte. Versteht einiges von den Wassergeschöpfen und ihrer Zubereitung. Deshalb verneigt er sich vor dem Können eines Dirk Luther, der einen Fisch nicht nur perfekt zubereiten kann, Garpunkte hält und Aromen hebt, sondern zu einem Hochgenuss führt, der die tiefe Kenntnis, aber auch den Respekt und die Dankbarkeit des Kochs gegenüber dem Fisch bezeugt, den er verarbeiten darf.

Dirk Luther zeigte sich schon bei der ersten Begegnung mit einigen Arbeiten von Rups Leiß begeistert von dessen überbordender Phantasie, den wilden und doch so präzise gezeichneten Szenerien. Tiere jedweder Art und Gattung, Pflanzen, Gemüse und Früchte vereinigen sich auf den Farbstiftzeichnungen zu barocker Üppigkeit, zu schier endlosen Geschichten in grotesken Kombinationen, denen der Betrachter dennoch gerne folgt, in die einzutauchen ein nachdenklich stimmendes Vergnügen bedeutet. Detailverliebt oder gar detailbesessen fabuliert Rups in seinen Bildern von eigentümlichen Wesen, schwer erklärbaren Ereignissen und meint doch eigentlich immer nur das eine: Die rätselhafte Welt mit ihren noch rätselhafteren Geschöpfen, deren Fähigkeit zu Liebe, Lust und Leidenschaft so manche bizarre Pirouette dreht.

Im Gegensatz dazu geht es in den Luther-Kreationen weder wild noch rätselhaft zu. Und doch verbindet die beiden ihre gemeinsame Passion, Ungewöhnliches zu schaffen; eint sie die Kraft der Phantasie, die Lust an der Präzision, die Leidenschaft für die Kunst – am Herd oder an der Staffelei. Und noch etwas ist beiden gleichermaßen eigen: Humor. Jedes Tellergericht des Meisterkochs, jede Zeichnung des Künstlers bezeugt dies.

Den Humor kann der Maler in seinen Werken besser zeigen als der Koch. Und doch versteht es auch Dirk Luther immer wieder, Humor als eine seiner herausragenden Charaktereigenschaften ins Spiel zu bringen. Mal ist es die Leichtigkeit, mit der er seine kulinarischen Kreationen auf den Tellern präsentiert, mal die Lust an einer launigen Rede an die Gäste, und nicht zuletzt sind es seine munteren Rezeptvorstellungen in seinen Kochshows im Fernsehen.

Luther und Leiß zu begegnen ist stets ein Vergnügen. Mit ihrer Kunst Umgang zu haben, ist eine Bereicherung.

Wer dieses Buch in die Hand nimmt, wird seine Freude daran haben, dass es eben nicht auffordert, es den Künstlern am Herd oder auf dem Papier gleichzutun. Die Bilder entführen in die Gefilde der Phantasie. Die Rezepte machen Lust auf raffinierte kulinarische Genüsse. Denn nicht im Nachkochen liegt der Reiz dieser Kochnotizen. Er liegt in der Fähigkeit zur Vorstellung, wie der Meisterkoch die einzelnen Zutaten in ein Gericht verwandelt, das die Sinne verzaubert. Die Bilder von Rups Leiß befreien dafür den Geist.
Ein wahrhaftes vergnügliches Schüsseltreiben also!

Frühling

BORNHOLM WITH APPROACHES
Maalestok 1:100 000 paa 56° Br.
Scale 1:100 000 in Lat. 56°
Dybder og Højder i Meter til Middelvandstand
Soundings and heights in metres at mean sea level
Tegn og Forkortelser se Kort A
Signs and abbreviations see chart A
Christiansø
Nr. 189

Spargelcremesuppe mit Kerbel und gerösteten Croûtons

Rezept für 4 Personen

Zutaten:

Spargelsuppe

Spargelschalen von 1 kg weißem Spargel
1 l Wasser
1 Brotscheibe
1 Zitronenscheibe
30 g Butter
20 g Mehl
Salz aus der Mühle und Zucker
1 EL gehackter Kerbel

Liaison

1 Eigelb
0,1 l Sahne

Einlage

2 Stangen gegarter weißen Spargel in Scheiben geschnitten
2 EL Tomatenconcassée
2 EL geröstete Croûtons
2 EL geschlagene Sahne

Zubereitung

Spargelsuppe
Die Spargelschalen mit kaltem Wasser bedecken, Zitronen- und Brotscheibe hinzufügen. Mit Salz und Zucker würzen, mit einem Stück Butter verfeinern. Aufkochen, und 20 Minuten lang knapp unter dem Siedepunkt ziehen lassen. Durch ein Sieb gießen, den Sud auffangen, die Schalen gut ausdrücken und dann entfernen.
Für die Suppe: Butter in einem Topf erhitzen und mit Mehl verrühren (Mehlschwitze), mit 0,8 l Spargelfond aufgießen und bis zur sämigen Bindung kochen. Liaison unterrühren (nicht mehr kochen lassen) und mit einem Zauberstab schaumig mixen.

Liaison
Damit sich die Liaison gleichmäßig vermischt, rührt man zunächst einen Teil der Suppe in die Liaison, dann wird das Gemenge unter die verbliebene Sauce gerührt. Zum Legieren muss die Sauce auf jeden Fall kochend heiß sein, damit das Eigelb genügend Wärme zum Abbinden vorfindet.

Anrichten
Spargelscheiben und Tomatenconcassée in vier vorgewärmte Suppentassen legen. Die Spargelcremesuppe in die Tassen gießen, mit geschlagener Sahne, Kerbel und gerösteten Croûtons verfeinern.

2020

Gebratener Saint Pierre mit Fenchel und konfierten Kartoffeln

Rezept für 4 Personen

Zutaten:

1 Saint Pierre á 2 kg
Salz und Pfeffer aus der Mühle
50 g geklärte Butter
100 g ungeschälten Knoblauch
10 g Zitronenthymian
Zerstoßener rosa Pfeffer
80 g Butter

Chiliöl

80 g Lauch (grüner Teil), in feine Würfel geschnitten
4 g Chilischote, entkernt und fein gehackt
Salz und Pfeffer aus der Mühle
8 Tropfen Tabasco
200 ml Olivenöl

Fischsud-Öl-Emulsion

300 ml Fischfond, auf 150 ml reduziert
350 ml Olivenöl
Zitronensaft
Salz und Pfeffer aus der Mühle
80 g Tomaten, abgezogen, entkernt und in Stäbchen geschnitten
40 g Oliven, in Stäbchen geschnitten
80 g Zucchini, mitsamt der Haut in Stäbchen geschnitten, blanchiert und in Eiswasser abgeschreckt
30 g Queller, blanchiert (nur die Spitzen verwenden)
50 g Schalotten, fein geschnitten
1 EL Schnittlauch, in feine Röllchen geschnitten

Tomatenjus

200 g sehr reife Tomaten
2 g Tomatenmark
5 g Zucker
Tabasco
Salz aus der Mühle

Fenchel und Schmelzkartoffeln

150 g Fenchel, in dünne Scheiben geschnitten
40 g ligurische Oliven, in Stäbchen geschnitten
16 Perlzwiebeln, in Butter gebräunt
8 konfierte Kartoffeln
Butter

Zubereitung

Chiliöl
Alle Zutaten zum Öl geben und gut mischen. Kühl aufbewahren. Haltbarkeit 4 Tage.

Fischsud-Öl-Emulsion
Den reduzierten Fischfond zum Kochen bringen und mit dem Olivenöl kräftig aufschlagen. Etwas Zitronensaft zugeben. Die Sauce mit Salz und Pfeffer würzen und die Emulsion mit etwas Wasser stabilisieren. Gemüsestäbchen, Queller, Zwiebeln und Schnittlauch unterheben.

Tomatenjus
Die Tomaten mit Tomatenmark, Zucker und Tabasco im Mixer fein pürieren. Durch ein feines Sieb passieren. Kurz vor dem Anrichten erhitzen und mit Salz abschmecken.

Saint Pierre
Die Haut von jeweils einer Seite abziehen, den Fisch ausnehmen und den Kopf abschneiden. Würzen und mit der gehäuteten Seite nach unten bei starker Hitze in der geklärten Butter scharf anbraten. Den Garvorgang im Ofen fortsetzen. Dazu den Knoblauch, den Zitronenthymian, Salz und zerstoßenen rosa Pfeffer sowie die Butter in Stückchen darüber geben und den Fisch unter häufigem Begießen etwa 7 Minuten im vorgeheizten Ofen bei 210°C garen. Die Kerntemperatur soll 45°C betragen. Aus dem Ofen nehmen und 5 Minuten ruhen lassen. Den Saint Pierre nochmals würzen und mit Chiliöl beträufeln

Gemüse
Den Fenchel blanchieren und in Olivenöl schwenken. Die Zwiebeln in Butter anbraten. Die konfierten Kartoffeln in Butter fertig garen.

Anrichten
Den Saint Pierre filetieren. Die Fischsud-Öl-Emulsion mit Gemüsestäbchen und Queller auf vier vorgewärmte Teller schöpfen, dabei die Gemüsestäbchen unregelmäßig anrichten. Die Tomatenjus unregelmäßig darüber träufeln.

Gebratener Seesaibling auf Erbsenpüree mit Erbsen-Zuckerschoten-Salat

Rezept für 4 Personen

Zutaten:

Seesaibling

4 Seesaiblingfilets mit Haut und ohne Bauchlappen und Gräten á 140 g
Salz und Pfeffer aus der Mühle
Öl zum Braten
20 g Butter
1 EL gehackte Petersilie
1 TL gehackte Pfefferminze
½ Zitrone

Erbsenpüree

500 g Erbsen TK
Salz aus der Mühle und Zucker
200 g Schalotten
100 g Sahne
Etwas Geflügelfond
75 g kalte Butterstücke
6 cl Haselnussöl

Rieslingschaum

1/4 l Fischfond
4 EL trockener Weißwein
1 EL Noilly Prat
80 g kalte Butterwürfel
2 EL Crème fraîche
Salz aus der Mühle und Cayennepfeffer
0,02 Riesling

Erbsen-Zuckerschoten-Salat

150 g Zuckerschoten
150 g Erbsen
100 g Erbsensprossen
3 EL Olivenöl
1 EL hellen Balsamicoessig
1,5 TL Ahornsirup
Salz und Pfeffer aus der Mühle

Zubereitung

Saibling
Die Saiblingfilets mit Salz würzen. Rapsöl in einer beschichteten Pfanne erhitzen und die Filets auf der Hautseite darin goldgelb anbraten. Butter sowie Petersilie und Pfefferminze hinzufügen und die Filets mit der schäumenden Kräuterbutter mehrmals übergießen, kurz vor dem Servieren die Filets umdrehen. Die Filets mit etwas Zitronensaft beträufeln.

Erbsenpüree
Schalotten schälen und fein würfeln. Butter in einem Topf erhitzen, Schalotten und Erbsen darin anschwitzen, Geflügelfond angießen und die Erbsen ca. 8-10 Minuten garen. Sahne hinzufügen und in einer Küchenmaschine fein pürieren. Butter dazugeben, weiter mixen und zum Schluss das Öl untermischen. Mit Salz abschmecken und durch ein feines Sieb streichen. In einem Topf bei milder Hitze unter Rühren erwärmen.

Rieslingschaum
Fischfond, Weißwein und Noilly Prat auf ein Drittel der Menge einkochen. Die eiskalten Butterstücke in kleinen Mengen unterrühren und mit einem Stabmixer aufmixen. Zum Schluss die Crème fraîche unterziehen, mit Cayennepfeffer und Salz abschmecken. Kurz vor dem Servieren nochmals mit dem Stabmixer die Sauce aufschäumen.

Erbsen-Zuckerschoten-Salat
Zuckerschoten putzen, diagonal halbieren und zusammen mit den Erbsen 2-3 Minuten in kochendem Salzwasser garen. Anschließend kalt abschrecken und mit den Erbsensprossen in eine Schüssel geben.
Olivenöl, Balsamicoessig und Ahornsirup verrühren, mit Salz und Pfeffer würzen und den Erbsen-Zuckerschoten-Salat damit marinieren.

Anrichten
Das Erbsenpüree dekorativ auf vier vorgewärmten Tellern anrichten. Das Saiblingfilet darauf legen und mit Rieslingschaum umgießen. Mit dem Salat garnieren.

Gebackenes Stubenküken mit Bärlauchpesto und Graupengemüse

Rezept für 4 Personen

Zutaten:

Stubenküken

4 ausgelöste Stubenküken
Saft von einer Zitrone
3 EL Olivenöl
2 EL gehackte Petersilie
1 EL gehackter Thymian
Salz und Pfeffer aus der Mühle
2 l Erdnussöl zum Ausbacken

Ausbackteig

150 g Mehl
1 Ei
200 ml trockenen Weißwein
½ Knoblauchzehe
1 Estragonzweig
Salz und Pfeffer aus der Mühle

Graupengemüse

120 g getrocknete Kichererbsen, über Nacht in Wasser eingeweicht
250 g feine Perlgraupen
1 Bd. Blattpetersilie, gewaschen, gezupft und fein gehackt
4 Frühlingszwiebeln, in feine Ringe geschnitten
2 rote sowie gelbe Paprikaschoten, geviertelt, entkernt und in grobe Stücke geschnitten
2 grüne Zucchini in dicke Scheiben geschnitten
80 ml Olivenöl
Salz und Pfeffer aus der Mühle

Dressing

125 ml Zitronensaft
125 ml Olivenöl
Abrieb von 1 Bio-Zitrone
2 TL gemahlener Kreuzkümmel
1 Knoblauchzehe fein gewürfelt
Salz und Pfeffer aus der Mühle

Bärlauchpesto

100 g Pinienkerne
150 g Bärlauch
200 ml Rapsöl
50 g Parmesan
Salz und Pfeffer aus der Mühle

Zubereitung

Stubenküken
Schenkel und Brüste enthäuten und in gleichmäßige Stücke schneiden. Zitronensaft und Olivenöl verquirlen, Petersilie und Thymian zufügen. Die Stubenkükenstücke 30 Minuten in dieser Marinade ziehen lassen. Erdnussöl in einem großen Topf auf 180°C erhitzen. Die Stubenkükenstücke abtupfen, dann einzeln durch den Teig ziehen, kurz abtropfen lassen und im Öl goldbraun ausbacken. Mit einem Schaumlöffel herausnehmen und auf ein Küchenpapier abtropfen lassen. Mit Salz und Pfeffer würzen.

Ausbackteig
Das Mehl in eine Schüssel geben und eine Mulde hineindrücken. Ei und Weißwein in die Mulde geben und das Ganze mit einem Schneebesen vermengen, bis ein dünnflüssiger Teig entsteht. Knoblauch und Estragon fein hacken, dann untermengen. Den Teig mit Salz und Pfeffer würzen, mit Klarsichtfolie abdecken und für 1 Stunde kühl stellen.

Graupengemüse
Das Wasser von den Kichererbsen abgießen und die Erbsen gründlich unter kaltem Wasser waschen. Abgelöste und lose Häutchen entfernen. Die Kichererbsen in einem großen Topf ca. 1 Stunde gar kochen. Kichererbsen abgießen und beiseitestellen. Die Graupen in einem großen Topf mit kochendem Salzwasser 30 Minuten gar kochen. Abgießen und noch heiß mit den Kichererbsen und der Hälfte des Dressings gründlich vermengen und mit Salz und Pfeffer abschmecken. Das Ganze durchziehen und auf Zimmertemperatur abkühlen lassen. Dann Petersilie und Frühlingszwiebeln unterheben.
Paprika, Zucchini und Öl in eine große Schüssel geben, mit Salz und Pfeffer würzen und alles gründlich vermengen. Nun das Gemüse in einer Pfanne von allen Seiten goldbraun anbraten. Das Gemüse aus der Pfanne nehmen und mit dem restlichen Dressing marinieren.

Dressing
Alle Zutaten für das Dressing in einer Schüssel miteinander verrühren und beiseitestellen.

Bärlauchpesto
Pinienkerne in einer Pfanne ohne Fett goldbraun rösten, dabei öfter umrühren, da sie schnell anbrennen. Danach abkühlen lassen. Bärlauch waschen, trocken schleudern, harte Stiele entfernen, Blätter in Streifen schneiden. Pinienkerne, Bärlauch und Rapsöl in einem Standmixer zu einer cremigen, nicht zu feinen Masse verarbeiten. Den Parmesan fein reiben, untermischen und das fertige Pesto mit Salz und Pfeffer abschmecken.

Anrichten
Die Graupen auf eine große Platte geben und das Gemüse darauflegen. Die gebackenen Stubenkükenstücke und das Bärlauchpesto dazu reichen.

Gebratene Zickleinkeule mit Gremolatabutter, jungen Möhren, grünem Spargel und Laratte-Kartoffeln

Rezept für 4 Personen

Zutaten:

Zickleinkeule

2 Zickleinkeulen
Salz und Pfeffer aus der Mühle
Öl zum Braten
2 Thymianzweige
2 Rosmarinzweige
1 Knoblauchzehe
0,4 l dunklen Geflügelfond

Gremolata

1 TL gehackte Zitronenschale
1 TL. gehackte Orangenschale
1 TL gehackten Knoblauch
1 EL gehackten Majoran
2 EL gehackte Petersilie
150 g. Butter

Gemüse

4 Karotten mit Grün
12 grüne Spargelstangen
12 Stck Laratte-Kartoffeln
Salz aus der Mühle
Zucker
2 EL Butter
1 TL Kümmel

Zubereitung

Gremolata und Zickleinkeule
Für die Gremolata: Alle Zutaten mit der weichen Butter vermengen, zu einer Rolle formen und kaltstellen.
Den Backofen auf 135°C vorheizen.
Die Zickleinkeule mit Salz und Pfeffer würzen. Öl in einer Pfanne erhitzen. Die Zickleinkeule mit den Kräutern in die Pfanne geben und von allen Seiten gleichmäßig anbraten. In den vorgeheizten Ofen geben und ca.16-20 Minuten (Kerntemperatur 54°C) garen. Die Keule aus dem Ofen nehmen und an einem warmen Ort 5 Minuten ruhen lassen.
Kurz vor dem Servieren die Gremolata-Butter in dünne Scheiben schneiden. Dann die Gremolata- Butter in die Pfanne geben, aufschäumen lassen und die Keulen hinzufügen. Nun das Ganze mit der Gremolata- Butter mehrmals übergießen, den warmen Geflügelfond angießen und weiterhin die Keulen übergießen, bis eine dickliche Sauce entstanden ist.

Gemüse
Die Kartoffeln in Salzwasser mit Kümmel kochen bis sie gar sind, das Wasser abgießen und die Kartoffeln ausdampfen lassen. Die Möhren schälen und in gleichmäßige Stücke von 4 cm Länge tournieren. Butter in einer Sauteuse erhitzen, Möhren hinzufügen, mit Salz und Zucker würzen, etwas Wasser angießen und das Ganze bei geschlossenem Deckel dünsten.
Vom grünen Spargel nur das untere Drittel dünn schälen, holzige Enden abschneiden. Den Spargel in Salzwasser mit einer Prise Zucker und Butter nicht zu weichkochen und im Eiswasser abschrecken.
Nun die Kartoffeln mit dem grünen Spargel zu den Möhren geben und alles zusammen erwärmen.

Anrichten
Die Zickleinkeulen in gleichmäßige Scheiben schneiden und auf vier vorgewärmten Tellern anrichten. Das Gemüse dazulegen, mit der Sauce umgießen und mit den Kartoffeln garnieren.

Gebratene Lammkoteletts mit Pinienkernkruste und Bohnen-Curry-Gemüse

Rezept für 4 Personen

Zutaten:

Lammkoteletts

2 Lammkoteletts von ca.1,4 kg, geputzt und in ca. 4 Koteletts geschnitten
Salz und Pfeffer aus der Mühle
Öl zum Braten

Für die Kruste

60 g Butter
1 EL Honig
60 g geröstete und grob gehackte Pinienkerne
1 EL gehackten Thymian
Abrieb von 1 Zitrone und einer ½ Orange
120 g Paniermehl
Salz und Pfeffer aus der Mühle

Gemüse

250 g weiße Zwiebeln, gepellt und in Streifen geschnitten
2 Knoblauchzehen, gepellt und fein gewürfelt
4 Stck. Strauchtomaten, ohne Haut in Würfel geschnitten
1 Stck. rote Paprika, geputzt und in Streifen geschnitten
400 g Schneidebohnen, geputzt und in Rauten geschnitten
4 Stangen Frühlingslauch, gewaschen und in feine Röllchen geschnitten
3 EL Olivenöl
50 g Butter
1 EL Currypulver
1 EL Ahornsirup
100 ml Wasser
200 ml Sahne
Salz aus der Mühle
2 EL Créme fraîche
2 EL feingeschnittener Dill

Zubereitung

Kruste und Lammkoteletts
Die Butter mit dem Honig bei schwacher Hitze in einem Topf zum Schmelzen bringen, Pinienkerne und den Thymian hinzufügen. Das Ganze in eine Schüssel geben und den Zitronen- und Orangenabrieb dazugeben. Paniermehl hinzufügen und mit Salz und Pfeffer abschmecken. Alles gut miteinander vermengen.
Den Ofen mit der Grillstufe vorheizen.
Die Koteletts mit Salz und Pfeffer würzen und in einer heißen Pfanne mit Öl von beiden Seiten scharf anbraten. Herausnehmen, auf ein Backblech legen und die Paniermehlmischung darauf verteilen. Das Backblech in den Ofen geben und unterm Grill ca.10 Minuten (Kerntemperatur 54°C) garen, sodass eine goldbraune Kruste entsteht.

Gemüse
Das Olivenöl mit der Butter in einem breiten Topf erhitzen. Zwiebeln und den Knoblauch darin glasig anschwitzen, Schneidebohnen zugeben, kurz durchschwenken, mit Currypulver bestäuben und mit Salz würzen. Wasser und Ahornsirup dazugeben und die Flüssigkeit einkochen lassen. Paprika und Tomaten zugeben und das Ganze zugedeckt ca. 10 Minuten bissfest garen, dabei immer wieder rühren. Die Sahne angießen, Frühlingslauch hinzufügen, nochmals aufkochen, mit Salz abschmecken und mit Créme fraîche und Dill verfeinern. Nochmals mit Salz abschmecken.

Anrichten
Das Gemüse auf vier vorgewärmten Tellern mittig anrichten und die Koteletts darauf platzieren.

Rosa gebratene Lammkeule mit geschmortem Gemüse

Rezept für 4 Personen

Zutaten:

Lammkeule

1 Lammkeule von ca. 2,2 kg (mit ausgelöstem Oberschenkelknochen)
Olivenöl
Salz und Pfeffer aus der Mühle
0,1 l Weißwein
0,5 l Lammfond
700 g kleine junge festkochende Kartoffeln
4 Artischocken
1 Zitrone
20 Stck gepellte kleine Schalotten
4 Karotten mit Grün
6 Petersilienwurzeln
5 gepellte Knoblauchzehen
½ Bd. Thymian
2 Lorbeerblätter
100 g kalte Butterstücke
Maisstärke zum Binden der Sauce

Für die Füllung

4 Knoblauchzehen, gepellt und in feine Würfel geschnitten
3 EL gehackte Petersilie
2 EL feingehackter Thymian
5 Salbeiblätter in feine Streifen geschnitten
4 Sardellenfilets
1 TL Kapern
60 g ligurische Oliven
60 g eingelegte getrocknete Tomaten
200 g Ciabatta-Brot (ohne Rinde vom Vortag)
Abrieb von einer Bio-Zitrone
Salz und Pfeffer aus der Mühle

Zubereitung

Füllung und Lammkeule
Das Chiabattabrot würfeln. Kräuter, Knoblauch, Brot, Zitronenabrieb und die Sardellen in eine Küchenmaschine geben. Alles fein mixen und in eine Schüssel umfüllen. Oliven klein würfeln, ebenso die abgetropften getrockneten Tomaten und alles unter die Brotmischung heben und das Ganze mit Salz und Pfeffer würzen.

Die ausgelöste Lammkeule abbrausen, trocken tupfen und mit der Hautseite auf die Arbeitsplatte legen. Füllung auf der ausgebreiteten Lammkeule verteilen. Fleisch über die Füllung klappen und so gut es geht darüber einrollen. Alles mit Küchengarn umwickeln.
Die Keule mit Salz und Pfeffer würzen und in einem Bräter auf der Herdplatte in Olivenöl kräftig von allen Seiten anbraten. Anschließend das Fleisch aus dem Bräter nehmen, Bratensatz mit dem Wein ablöschen und mit dem Lammfond auffüllen. Die Lammkeule wieder in den Bräter legen und das Ganze im vorgeheizten Ofen bei 135°C ca. 90 Minuten (Kerntemperatur 56°C) garen.

Gemüse
Die Kartoffeln gründlich waschen, evtl. abbürsten und samt Schale halbieren. Die Schalotten ebenfalls der Länge nach halbieren. Artischocken putzen (siehe unten) und in gleichmäßige Keile schneiden. Karotten und Petersilienwurzeln schälen, waschen und in mundgerechte Stücke schneiden.
Vorbereitung der Artischocken
Tragen Sie dabei Gummihandschuhe, wenn Sie möchten. Die Artischocken können Ihre Hände schwärzlich verfärben und recht stachelig sein. Die Stiele der Artischocken auf etwa 5 cm vom Boden kürzen und die oberen Teile der Blätter abschneiden. Dann die harten äußeren Blätter einzeln entfernen. Wenn Sie bei den zarteren Blättern angekommen sind, müssen Sie das Heu mit einem Teelöffel herausheben. Diesen behutsam in die Mitte der Artischocke einführen und vorsichtig drehen. (Wenn Sie das einmal gemacht haben, werden Sie ein Gefühl dafür bekommen, wie Sie den Löffel am besten führen, um das Heu vollständig herausholen und dabei die Seiten der Artischocke nicht zu verletzen). Nun noch die faserige Außenhaut des Stiels mit einem Schäler entfernen. Die Artischocken in Wasser mit Zitronensaft legen, damit sie nicht braun werden.
Das alles hört sich vielleicht etwas kompliziert an, es lohnt sich aber. Je öfter Sie es machen, umso schneller werden Sie.
Die Gemüse sowie die Kräuter 40 Minuten vor Ende der Garzeit zur Lammkeule geben.

Anrichten

Nach Ende der Garzeit die Keule aus dem Ofen nehmen und mit Alufolie abgedeckt noch ca. 10 Minuten ruhen lassen. Das weichgeschmorte Gemüse aus der Sauce nehmen und warmstellen. Die Sauce durch ein Sieb passieren, evtl. mit etwas Stärke abbinden und mit kalten Butterstücken verfeinern. Gemüse wieder in die Sauce legen und gegebenenfalls mit Salz und Pfeffer abschmecken. Von der Lammkeule das Küchengarn entfernen und das Fleisch quer zur Faser in gleichmäßige Scheiben schneiden. Gemüse mit der Sauce auf vier vorgewärmten Tellern anrichten und die Fleischscheiben dekorativ dazulegen.

Lammrückenfilet im Kartoffelmantel mit Ratatouillegemüse

Rezept für 4 Personen

Zutaten:

Lammrücken

650 g Lammlachse
2 EL Paniermehl
4 große Kartoffeln
1 Eigelb
1 EL Mehl
4 Thymianzweige, Blätter abzupfen und fein hacken
Öl zum Braten
Salz und Pfeffer aus der Mühle

Ratatouillegemüse

Je 1 rote und gelbe Paprikaschote
1 Aubergine
1 Zucchini
1 Zwiebel
2 Knoblauchzehen
600 g Tomaten
8 EL Olivenöl
0,1 l Tomatensaft
3 Thymianzweige
1 Lorbeerblatt
Salz und Pfeffer aus der Mühle
2 EL Korianderkörner
½ Bd. Basilikum, ein paar Blätter zur Garnitur aufbewahren, den Rest in feine Streifen schneiden

Zubereitung

Lammrücken
Kartoffeln schälen, grob raspeln und mit den Händen den Saft gut ausdrücken. In einer Schüssel die Kartoffelraspel mit Mehl und dem Eigelb gut vermengen. Mit Salz und Pfeffer würzen und mit dem gehackten Thymian verfeinern.
Lammrücken abbrausen, trockentupfen, mit Salz und Pfeffer würzen und mit etwas Paniermehl bestreuen. Die Kartoffelmasse fest auf das Lammrückenfilet drücken.
In einer Pfanne das Öl erhitzen und das Lammrückenfilet erst auf der Kartoffelseite anbraten, danach umdrehen in den vorgeheizten Ofen bei 135° C geben und ca. 12-15 Minuten (Kerntemperatur 54°C) garen. Herausnehmen und 5 Minuten ruhen lassen.

Ratatouillegemüse
Zwiebeln pellen und in feine Würfel schneiden. Paprikaschoten halbieren, putzen, entkernen, abbrausen, abtropfen lassen und in grobe Würfel schneiden. Knoblauch pellen, fein würfeln. Tomaten 5 Sekunden in kochendes Wasser legen, in Eiswasser abschrecken, häuten, entkernen und würfeln. Aubergine und Zucchini waschen und in Würfel schneiden.
In einer Pfanne 2 EL Olivenöl erhitzen. Zuerst die Zwiebelwürfel darin glasig anschwitzen. Dann Paprikaschoten und Knoblauch zufügen, alles unter Rühren 5 Minuten garen. Tomaten zugeben, das Gemüse weitere 3 Minuten schmoren.
In einer anderen Pfanne Aubergine- und Zucchiniwürfel nacheinander in jeweils 2 EL Olivenöl rundum goldbraun anbraten. Auf Küchenpapier abtropfen lassen und zusammen mit dem Lorbeerblatt und Thymianzweigen zum Tomaten-Paprika-Gemüse geben. Alles mischen, mit Tomatensaft ablöschen und mit Salz und Pfeffer abschmecken. Das Ganze zugedeckt ca. 10 Minuten bei kleiner Hitze schmoren. Unterdessen den Koriander in einer Pfanne ohne Fett rösten, dann in einem Mörser fein zerdrücken. Kräuter entfernen und das Gemüse mit Basilikum und Koriander bestreuen.

Anrichten
Das Ratatouillegemüse auf vier vorgewärmten Tellern verteilen. Das Fleisch in 3 cm dicke Scheiben aufschneiden und auf dem Gemüse anrichten. Mit Basilikumblättern garnieren.

Hank-Kurz 2020

Iberico Schweinerückensteak mit Bärlauchbutter, Mangold und Champignons

Rezept für 4 Personen

Zutaten:

Steak

4 Schweinerückensteaks á 160 g
2 angedrückte Knoblauchzehen
2 Thymianzweige
Salz und Pfeffer aus der Mühle

Bärlauchbutter

100 g Butter
2 Schalotten, fein gewürfelt
50 g Bärlauch, in feine Streifen geschnitten
Salz und Pfeffer aus der Mühle

Gemüse

1 Mangold
2 Knoblauchzehen, gepellt und in feine Scheiben geschnitten
4 Stangen Frühlingslauch in feine Röllchen geschnitten
12 Steinchampignons in Scheiben geschnitten
4 Scheiben Parmaschinken in feine Würfel geschnitten
50 g Butter
Salz und Pfeffer aus der Mühle
Frisch geriebene Muskatnuss
150 ml Geflügelfond
6 cl Noilly Prat
Rapsöl
Saft von einer Bio-Zitrone

Zubereitung

Steak
Den Backofen auf 135°C vorheizen.
Die Steaks von beiden Seiten mit Salz und Pfeffer würzen.
Das Rapsöl in einer gusseisernen Pfanne erhitzen, Knoblauch und Thymian hinzufügen und das Fleisch von allen Seiten darin scharf anbraten. Danach die Steaks auf ein Gitter legen und im Ofen bei 135°C ca. 12-15 Minuten garen. Das Fleisch aus dem Ofen (54°C Kerntemperatur) nehmen, in Alufolie einwickeln und 5 Minuten ruhen lassen.
Für die Bärlauchbutter: Die Butter mit den Schalottenwürfeln in einer Pfanne aufschäumen lassen und den Bärlauch zufügen. Die Steaks in die Bärlauchbutter legen und diese immer wieder mit der Butter übergießen.

Gemüse
Die Mangoldblätter waschen, die Stiele herausschneiden, schälen und in 4 cm große Stücke schneiden. Die Blätter in kochendem Salzwasser blanchieren, dann in Eiswasser abschrecken und gut abtropfen lassen.
In einem Topf 30 g Butter aufschäumen lassen, Lauch- und Knoblauchscheiben darin andünsten. Die Mangoldstiele zugeben und mit Salz, Pfeffer und Muskat würzen. Mit Geflügelfond und Noilly-Prat aufgießen und zugedeckt weichdünsten.
In der Zwischenzeit die Champignonscheiben in heißem Öl kurz unter Rühren anbraten und mit Zitronensaft beträufeln. Das Mangoldgemüse jetzt ohne Deckel einkochen lassen, bis die Flüssigkeit fast völlig verdampft ist. Nun die Schinkenwürfel, die Champignons und die streifig geschnittenen Mangoldblätter dazugeben. Noch einmal würzig abschmecken und die restliche Butter in kleine Stücken unterrühren.

Anrichten
Das Mangoldgemüse auf vier vorgewärmten Tellern dekorativ anrichten. Das Fleisch in gleichmäßige Scheiben schneiden und dazulegen. Das Fleisch mit der Bärlauchbutter beträufeln.

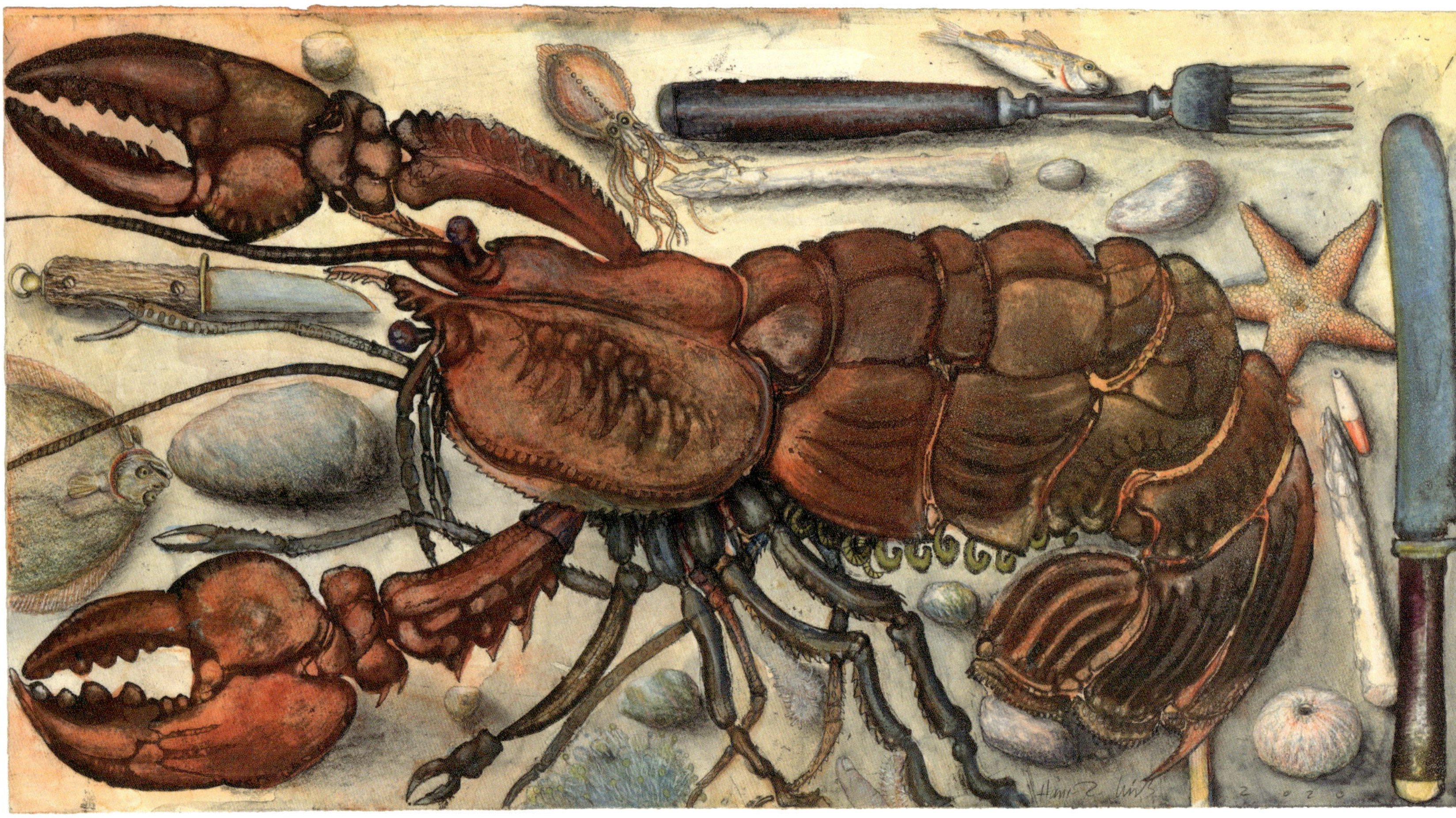

Hummer mit weißem Spargel und Pfifferlingen

Rezept für 4 Personen

Zutaten:

Hummer

2 weibliche Hummer á 600 g
50 g Butter
2 Schalotten, in feine Würfel geschnitten
1 zerdrückte Knoblauchzehe
1 kl. Glas abgebrannter Cognac
0,2 l Weißwein
0,15 l Fischfond
1 EL Kalbsjus
2 geschälte und gehackte Tomaten
3 nussgroße Butterwürfel
1 EL gehackte Petersilie
1 Messerspitze Cayenne
Salz und Pfeffer aus der Mühle

Spargel

16 Stangen weißer Spargel
20 g Butter
½ Zitrone
1 Stck Weißbrot
Salz aus der Mühle und Zucker

Pfifferlinge

200 g Pfifferlinge, geputzt und gewaschen
30 g kalte Butterstücke
1 Schalotte, in feine Würfel gewürfelt
½ Bd. Schnittlauch
Salz und Pfeffer aus der Mühle

Zubereitung

Hummer
Die erste Bedingung für dieses stark begehrte Hummergericht ist: Lebender Hummer. Den Hummer kurz in kochendem Salzwasser kochen (sie müssen getötet werden) und in Eiswasser abschrecken. Den Schwanz in die einzelnen Segmente schneiden, die Scheren ablösen und aufschlagen, um das Fleisch später leicht herausnehmen zu können, den Körper der Länge nach spalten und den Sack, der sich in der Höhe des Kopfes befindet und meistens Steinchen enthält, entfernen. Die Eingeweide und das Mark (Corail) beiseitestellen. Die Stücke mit Salz und Pfeffer würzen.

Für einen Hummer im Gewicht von 600 g in einer Sauteuse 4 Löffel Öl mit 25 g Butter erhitzen, die Stücke hineinwerfen und sautieren, bis die Stücke steif geworden und die Schale eine recht rote Farbe angenommen hat. Dann das Fett abgießen, indem man die Sauteuse zugedeckt schrägt hält, die Schalotten und den zerdrückten Knoblauch auf den Hummer streuen, die restlichen Zutaten hinzufügen. Die Kasserolle zudecken und im Ofen 5 bis 10 Minuten kochen lassen. Die Stücke dann herausnehmen, das Fleisch der Schwänze und Scheren auslösen, in eine tiefe Schale legen und warm stellen. Den Fond auf 2 dl einkochen, Eingeweide und Mark, die man mit nussgroßen Butterwürfeln gehackt hat, hinzufügen, noch einen Augenblick kochen und durch ein Passiertuch streichen. Die Sauce mit etwas Butter binden, mit Petersilie verfeinern.

Kartoffeln
Die Kartoffeln schälen und mit einem Kugelausstecher schöne Kugeln ausformen. Die ausgebohrten Kartoffelkugeln in Salzwasser blanchieren und gut abtropfen lassen. Kurz vor dem Servieren die Kartoffelkugeln in einer Sauteuse mit Butter erwärmen und mit Salz abschmecken.

Spargel
Die Spargelstangen vom Kopf zum Schnittende hin schälen. Das gelingt am besten, wenn man mit einem Spargelschäler 1- 2 cm unterhalb des Kopfes ansetzt, zunächst dünn, zum Ende hin dicker schält. Holzige Enden sollte man großzügig abschneiden.
Das Wasser in einem Topf mit Salz, etwas Zucker und Butter zum Kochen bringen, dann den Spargel hineingeben und ca. 5-8 Minuten köcheln lassen. Der Spargel sollte einen leichten Biss haben.

Tipp: Ein Stück Weißbrot im Topf saugt die Bitterstoffe auf und macht das Gemüse milder. Angenehmen weißen Spargel erhält man, wenn man ein Stück Zitrone dazu gibt.

Pfifferlinge
Butter in einer Pfanne erhitzen, Pfifferlinge und Schalottenwürfel darin andünsten. Mit Salz und Pfeffer würzen und mit feingeschnittenem Schnittlauch verfeinern.

Anrichten
Den Spargel in die Mitte des Tellers legen, den Hummer daraufsetzen, Pfifferlinge sowie Kartoffeln dekorativ dazulegen und mit der Hummersauce umgießen.

Sommer

Würziger Kräutersalat mit Sommerblüten und geräucherter Meerforelle

Rezept für 4 Personen

Zutaten:

Meerforelle

4 Stck Meerforellenfilets a 80 gr.
40 g Buchenspäne

Räucherlake

1 l Wasser
53 gr. Salz
3 Stck. Knoblauchzehen
6 Stck. Korianderblätter
1 Lorbeerblatt
je 1 Zweig Thymian und Rosmarin

Salat

je 1 Bd Blattpetersilie, Kerbel und Estragon
1 Schale Gartenkresse
2 Bd Schnittlauch
150 g junger Spinatsalat und verschiedene Salatblätter
3 EL Sonnenblumenkerne
Essbare Blüten z.B. Kapuzinerblüten, Veilchen, Ringelblumenblüten
2 EL hellen Balsamicoessig
2 EL Weißweinessig
1 TL Honig
6 EL Olivenöl
Salz und Pfeffer aus der Mühle

Kaviarcrème

100 g Crème fraîche
40 g Saiblingskaviar
1 TL. Limonensaft
1 TL. Sherryessig
Salz und Pfeffer aus der Mühle

Zubereitung

Geräucherte Meerforelle
Alle Zutaten von der Räucherlake in einen Topf geben, einmal aufkochen lassen und kalt stellen. Die Meerforellenfilets ca.10 Minuten in die kalte Räucherlake einlegen und danach auf ein Gitter legen. Die Buchenspäne in eine Pfanne geben und erhitzen bis sie qualmen. Den Ofen auf 80°C vorheizen und die Buchenspäne sowie die Meerforellenfilets hineingeben und ca. 15 Minuten räuchern (Kerntemperater 38°C).

Salat
Kräuter zupfen, waschen und trockenschütteln. Schnittlauch in feine Röllchen schneiden. Spinat und Salat waschen und trockenschleudern.
Die beiden Essige mit Salz, Pfeffer und Honig verühren, dann das Olivenöl in einem dünnen Strahl unter ständigem Rühren unterschlagen.
Kräuter, Spinatsalat und abgeschnittene Kresse mit dem Dressing behutsam marinieren.

Kaviarcrème
Für die Kaviarcrème die Créme fraîche mit Limonensaft und Sherryessig verrühren. Mit Salz und Cayennepfeffer abschmecken. Als letztes den Kaviar unter die Crème heben.

Anrichten
Die Meerforelle auf vier länglichen Tellern anrichten. Einen großen Löffel Kaviarcrème dazugeben und mit dem Salat dekorieren.

Ganze Poularde mit Zitronen-Thymianbutter und Reisnudeln

Rezept für 4 Personen

Zutaten:

Poularde

1 Poularde á 1,2 kg
½ Bd Zitronen-Thymian
125 g weiche Butter
1 unbehandelte Zitrone
2 Knoblauchzehen, in feine Würfel geschnitten
2 EL Pflanzenöl
Salz und Pfeffer aus der Mühle
3 angedrückte Knoblauchzehen
100 g ligurische Oliven

Zitronen-Petersilienöl

1 Bd Blattpetersilie
4 Knoblauchzehen
1 EL Senf
Salz und Pfeffer aus der Mühle
Saft von 2 Zitronen
100 ml Olivenöl

Reisnudeln

1 rote Paprika, in feine Würfel geschnitten
2 Knoblauchzehen, in feine Würfel geschnitten
2 Schalotten, in feine Würfel geschnitten
½ Zucchini in 0,5 x 0,5 cm große Würfel geschnitten
200 g Kirschtomaten
1 EL Tomatenmark
250 ml Tomatensaft
1 TL gehackter Rosmarin
Zucker
Salz und Pfeffer aus der Mühle
Olivenöl

Zubereitung

Poularde
Die Poularde innen und außen gründlich unter fließendem Wasser waschen und mit einem Tuch trocken tupfen. Die Flügel im ersten Gelenk mit einem Messer abschneiden.
Die Poularde von innen mit Salz und Pfeffer würzen. Angedrückte Knoblauchzehen und Zitronenviertel in die Poularde füllen. Brusthaut jeweils von der Halsseite her lösen und die Zitronen-Thymianbutter mit Hilfe eines Spritzsacks darunterschieben. Haut etwas andrücken, sodass die Butter gleichmäßig verteilt wird. Die Poularde an der Öffnung mit in Wasser eingelegten Holzspießen zustecken, die Keulen locker zusammenbinden, ringsherum mit Öl einpinseln und mit Salz und Pfeffer würzen.
Das Öl in einem Bräter erhitzen und die Poularde von beiden Seiten auf den Keulen anbraten. Die Poularde aufrichten, mit der Brust nach oben im vorgeheiztem Ofen bei 180 ° C ca.55 Minuten garen. Kurz vor dem Servieren die Poularde portionieren. Die Oliven mit dem Zitronen-Petersilienöl in den Bräter geben und leicht erwärmen. Nun die Poulardenstücke mit der Sauce übergießen.

Zitronen-Petersilienöl
Die Petersilienblätter abzupfen. Knoblauch schälen und grob hacken und mit den Petersilienblättern, Senf, Salz, Pfeffer, Zitronensaft und Olivenöl in einem Mixer fein pürieren.
Vom Thymian die kleinen Blätter abzupfen und fein hacken. Zitrone waschen und trocken tupfen. Zitronenschale fein abreiben. Zitrone vierteln. Zitronenschale, Knoblauchwürfel, weiche Butter, Zitronen-Thymian verrühren, mit Salz und Pfeffer abschmecken.

Reisnudeln
Olivenöl in einem Topf erwärmen, Schalotten- und Knoblauchwürfel darin glasig dünsten. Paprika, Zucchiniwürfel, die gewaschenen Kirschtomaten, eine Prise Zucker, Tomatenmark, den Tomatensaft und Rosmarin dazugeben, mit Salz und Pfeffer abschmecken und etwa 5 Minuten köcheln lassen. Die Reisnudeln einstreuen, 6 Minuten kochen und von der Herdplatte nehmen. Zudecken und 6 bis 8 Minuten quellen lassen. Mit einer Fleischgabel auflockern und mit etwas Olivenöl beträufeln.

Sautierte Langustinen mit Erbsen-Risotto und Morcheln

Rezept für 4 Personen

Zutaten:

Risotto

3 Lauchzwiebeln
60 g Risottoreis
100 ml Champagner
0,75 l Geflügelfond
150 g ausgepalte frische Erbsen
Salz
1 Prise Zucker
150 g geputzte, gewaschene Morcheln
2 cl Madeira
40 g eiskalte Butter
50 g geriebener Parmesan
½ Bd Kerbel, gezupft

Langustinen

12 Langustinen 6/9
Salz und Pfeffer aus der Mühle
Öl

Spargel

24 Stangen wilder Spargel
Butter
Salz aus der Mühle

Zubereitung

Risotto
Von den Lauchzwiebeln Wurzeln und grüne Enden entfernen, den hellen Teil kleinschneiden. 30 g Butter aufschäumen lassen, Zwiebeln und Reis glasig dünsten. Mit Champagner ablöschen und einkochen lassen, dann so viel Geflügelfond zugießen, dass der Reis bedeckt ist. Unter Rühren und ständigem Nachgießen in 15-18 Minuten bissfest köcheln.
Die ausgepalten Erbsen in Wasser mit etwas Salz und Zucker blanchieren. Auf einem Sieb abtropfen lassen und in Eiswasser abschrecken. Die Morcheln in der restlichen Butter kurz andünsten, mit Salz und Pfeffer würzen, mit Madeira ablöschen und einkochen lassen.
Die eiskalte Butter und den Parmesan unter den fertigen Risotto mischen. Erbsen und den feingehackten Kerbel untermischen - falls nötig - mit Salz und Pfeffer nachwürzen.
Das Risotto sollte mit einem leichten Biss im Korn serviert werden.

Langustinen
Die Langustinenschwänze vom Körper trennen, vorsichtig aufschneiden und das Schwanzfleisch behutsam ausbrechen, der Länge nach einschneiden und den Darm entfernen. Langustinen mit Salz würzen und in einer heißen Teflonpfanne mit etwas Öl braten.

Wilder Spargel
Vom Spargel die Enden abschneiden. Spargel in kochendem Salzwasser blanchieren und in Eiswasser abschrecken. Kurz vor dem Servieren in Butter erwärmen und mit Salz abschmecken.

Anrichten
Den Risotto auf 4 vorgewärmte Teller verteilen, die Langustinen dazulegen und mit den Morcheln sowie dem wilden Spargel verfeinern. Mit Kerbelblättern dekorieren.

Kalbsschnitzel mit lauwarmem Kartoffel-Gurkensalat

Rezept für 4 Personen

Zutaten:

Kalbsschnitzel

8 Kalbsschnitzel à 50 g
Salz und Pfeffer aus der Mühle
2 Eier
2 EL geschlagene Sahne
50 g gesiebtes Mehl
150 g Semmelbrösel
Öl und Butter zum Braten
1 Zitrone

Kartoffelsalat

1 kg kleine Kartoffeln (festkochend)
3 Schalotten, in feine Würfel geschnitten
2 EL Cornichons, gewürfelt
80 ml Weißwein-Essig
200 ml Rinderbrühe
1 EL mittelscharfer Senf
6 EL Traubenkernöl
1 Salatgurke
1 Eigelb
Salz und Pfeffer aus der Mühle
1 EL Schnittlauch, in Ringe geschnitten
8 Radieschen in feinen Scheiben

Zubereitung

Kalbsschnitzel
Schnitzel trockentupfen und zwischen zwei Blättern geölter Klarsichtfolie plattieren (flach klopfen). Eier verquirlen und geschlagene Sahne hinzugeben. Schnitzel salzen, pfeffern, in Mehl wenden, dann durch die Eier-Sahne-Mischung ziehen und mit den Semmelbröseln panieren. Öl in einer großen Pfanne erhitzen. Die Schnitzel darin schwimmend bei mittlerer Hitze auf jeder Seite goldbraun ausbacken und kurz vor Schluss die Butter hinzufügen. Auf Küchenpapier abtropfen lassen.

Kartoffelsalat
Kartoffeln waschen, mit Schale in reichlich Salzwasser ca. 25 Min. weich kochen. Abkühlen lassen, pellen, in dünne Scheiben schneiden. Gurke putzen, schälen, der Länge nach halbieren und mit einem Löffel die Kerne herauskratzen. Die Gurkenhälften in Scheiben schneiden und zu den Kartoffeln geben. Die Schalotten- sowie die Cornichonwürfel in einen Topf geben, mit Essig und der Rinderbrühe auffüllen. Die heiße Marinade mit Senf und Öl vermischen und mit Salz und Pfeffer würzen (sehr pikant). Nun die heiße Marinade über die Kartoffel- und Gurkenscheiben gießen, gut durchmischen und ca. 2 Std. ziehen lassen. Kurz vor dem Servieren den Kartoffel-Gurkensalat erwärmen und mit dem Eigelb binden. Mit Schnittlauchringen und Radieschenstreifen verfeinern und nochmals abschmecken.

Anrichten
Den Kartoffel-Gurkensalat dekorativ anrichten und die Schnitzel dazulegen. Zitronen in Spalten schneiden und drapieren.

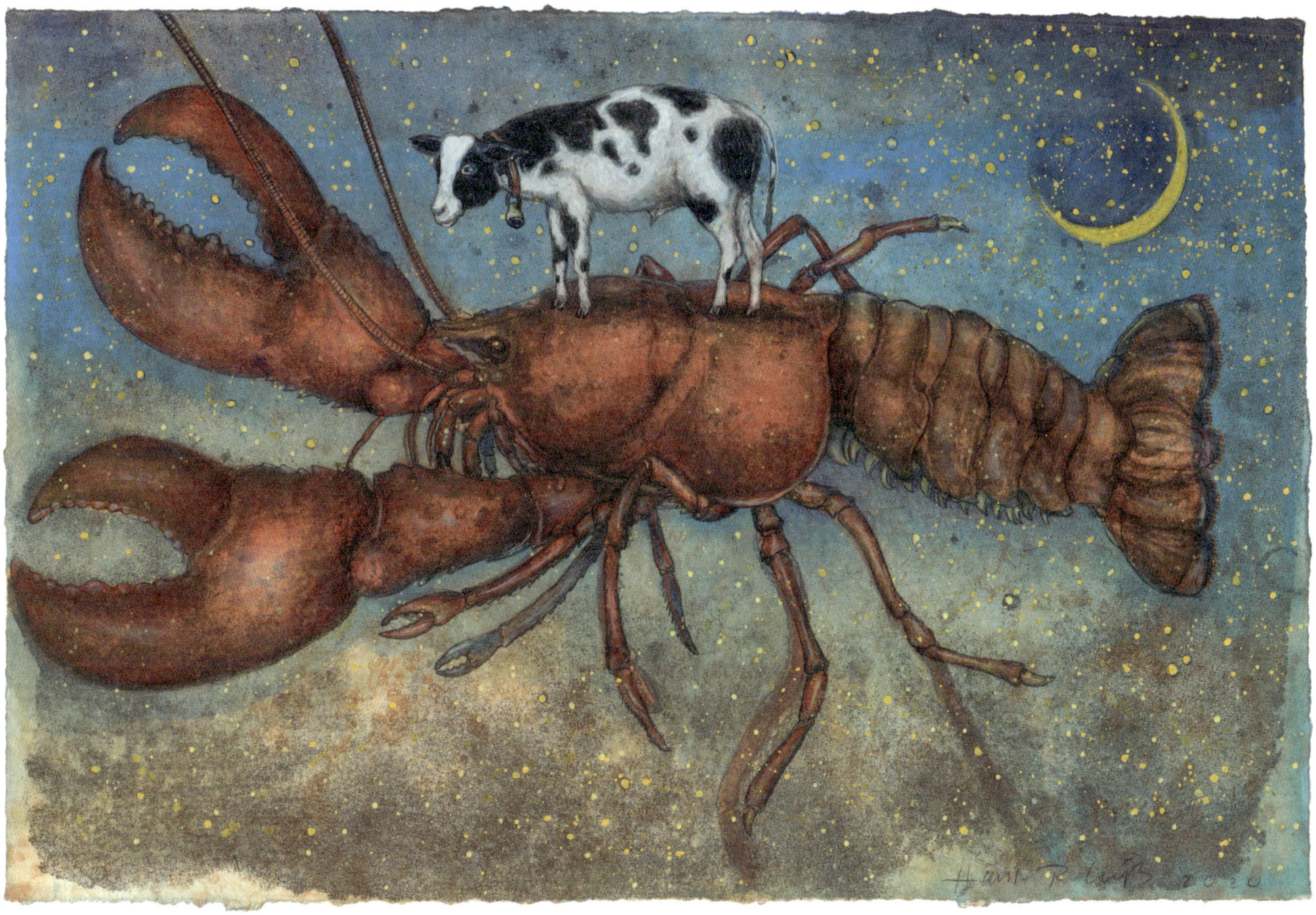

Kalbsleber mit Schalottensauce und Bohnengemüse

Rezept für 4 Personen

Zutaten:

Kalbsleber

8 Scheiben Kalbsleber á 70 g
2 EL Butterschmalz
Salz und Pfeffer aus der Mühle

Schalottensauce

8 Schalotten, in feine Würfel geschnitten
2 Knoblauchzehen, in feine Würfel geschnitten
1 EL Zucker
1 EL Balsamicoessig
60 ml roten Portwein
90 ml Kalbsjus
1 Thymianzweig
50 g kalte Butterstücke

Bohnengemüse

80 g getrocknete Cannellini-Bohnen
100 g durchwachsener Speck, fein gewürfelt
2 rote Zwiebeln, fein gewürfelt
1 Knoblauchzehe, angedrückt
0,5 l Geflügelfond
1 Lorbeerblatt
1 Thymianzweig
2 Bohnenkrautzweige
600 g Schneidebohnen
Salz und Pfeffer
Butter
2 EL. Schnittlauch in feine Röllchen geschnitten

Kartoffeln

400 g festkochende mittelgroße Kartoffeln
Salz und Pfeffer
Rapsöl

Zubereitung

Kalbsleber
Die Kalbsleberscheiben in Butterschmalz von beiden Seiten circa zwei Minuten braten. Erst nach dem Braten mit Salz und Pfeffer würzen.

Schalottensauce
Zucker in einem angemessenen Topf karamellisieren. Mit Balsamicoessig und Portwein ablöschen. Thymian, Schalotten- und Knoblauchwürfel dazugeben und vollständig reduzieren. Mit der Kalbjus auffüllen und mit kalten Butterstücken binden.

Bohnengemüse
Die weißen Bohnen ca. 16 Stunden in Wasser einweichen. Den Speck in einem angemessenen Topf knusprig anbraten. Die Zwiebeln, die Bohnen und den Knoblauch hinzufügen und alles zusammen anschwitzen. Mit dem Geflügelfond auffüllen. Das Lorbeerblatt und den Thymianzweig dazulegen und solange garen, bis die Bohnen noch einen leichten Biss haben. Vom Bohnenkraut die Blättchen fein abzupfen und fein hacken. Die Schneidebohnen putzten, waschen und schräg in feine Streifen schneiden. In reichlich Salzwasser garen und in Eiswasser abschrecken. Kurz vor dem Servieren, die weißen Bohnen in ein Sieb gießen, dabei den Fond auffangen. Butter in einer Sauteuse zerlassen, die weißen Bohnen mit den Schneidebohnen dazugeben und anschwitzen. Mit Salz und Pfeffer würzen, mit Schnittlauch, Bohnenkraut und den Kartoffelwürfeln verfeinern.

Kartoffeln
Die Kartoffeln schälen und in 1x1 cm im Quadrat schneiden. Die Würfel in ein Sieb unter kaltem Wasser abspülen, damit die Stärke aus den Kartoffeln weicht. Auf ein Küchentuch abtropfen lassen. Die Kartoffelwürfel mit dem Rapsöl in einer Pfanne goldgelb braten. Mit Salz und Pfeffer würzen

Anrichten
Die Kalbsleber in die Mitte der vorgewärmten Teller legen und mit der Sauce nappieren. Das Bohnengemüse rundherum verteilen.

Steinbutt an der Gräte gebraten mit Pfifferlingsjus, Blattspinat und zerdrückten Kartoffeln

Rezept für 4 Personen

Zutaten:

Steinbutt

4 Steinbuttkoteletts je 250 g
2 Thymianzweige
2 angedrückte Knoblauchzehen
Salz und Pfeffer aus der Mühle
Rapsöl

Pfifferlingsjus

200 ml helle Kalbsjus
200 g geputzte Pfifferlinge
30 g kalte Butterstücke
1 Schalotte, in feine Würfel geschnitten
Salz und Pfeffer aus der Mühle
Riesling zum Abschmecken

Kartoffeln

600 g geschälte Kartoffeln
Rapsöl
Salz und Pfeffer aus der Mühle

Blattspinat

200 g jungen Spinatsalat
40 g Pata Negra Schinken
1 Schalotte, in feine Würfel geschnitten
3 EL Olivenöl
Salz und Pfeffer aus der Mühle

Sauce Mousseline

300 ml Weißwein
2 Schalotten, in feine Würfel geschnitten
8 Pfefferkörner
1 Lorbeerblatt
2 Eigelb
130 g geklärte Butter
1 TL kleine Kapern
2 EL in feine Röllchen geschnittener Schnittlauch
1 EL geschlagene Sahne

Zubereitung

Steinbutt
Die Steinbuttkoteletts mit Salz und Pfeffer würzen. Rapsöl in einer Pfanne erhitzen und die Koteletts von allen Seiten scharf anbraten. Danach im 135°C heißen Ofen ca. 12 bis 15 Minuten (Kerntemperatur 48°C) garen. Zum Schluss die Butter sowie den Thymian hinzufügen und den Steinbutt mit der Butter mehrmals übergießen.

Pfifferlingsjus
Die Butter in einer Pfanne erhitzen. Die Pfifferlinge und die Schalottenwürfel darin andünsten. Die Pfifferlinge auf ein Sieb geben und die Kalbsjus in die Pfanne gießen. Aufkochen, und mit den kalten Butterwürfeln binden. Die Pfifferlinge in die Jus geben, mit Salz und Pfeffer abschmecken und mit Riesling verfeinern.

Kartoffeln
Die geschälten Kartoffeln mit einen Kugelausstecher kugelförmig ausstechen und in gut abgeschmecktem Salzwasser blanchieren. Die Kartoffelkugeln gut trockentupfen und mit Öl in einer Pfanne goldgelb braten, mit Salz und Pfeffer würzen. Dabei sind sie zeitweilig zu schwenken.

Blattspinat
Den Spinatsalat putzen und waschen. Den Pata Negraschinken in feine Streifen schneiden und mit dem Spinatsalat, Schalottenwürfeln und Olivenöl vermischen. Mit Salz und Pfeffer würzen.

Sauce Mousseline
Weißwein mit feingeschnittenen Schalotten, Pfefferkörnern und dem Lorbeerblatt auf 50 ml einkochen lassen und abpassieren. Die Reduktion mit den Eigelben auf einem Wasserbad aufschlagen und die temperierte, geklärte Butter einrühren. Die Kapern und den Schnittlauch dazugeben und mit Salz und Pfeffer abschmecken. Kurz vor dem Servieren die geschlagene Sahne unterziehen.

Anrichten
Den Spinatsalat mittig auf vier vorgewärmten Tellern anrichten. Die Kartoffelkugeln hinzufügen und das Steinbuttfilet darauflegen. Mit der Pfifferlingsjus umgießen und mit der Sauce Mousseline nappieren.

Nr.106

Rotbarbenfilet mit Kräuterkruste, Olivenöl-Emulsion und Safran-Risotto

Rezept für 4 Personen

Zutaten:

Fisch

4 Rotbarben-Filets à 100g
100 g Tintenfisch
2 Toastbrotscheiben ohne Rinde
2 EL Kräuter, gehackt (Petersilie, Basilikum, Rosmarin, Thymian)
2 EL Fischfond
0,5 Zitrone
1 EL Butter, dickflüssig
Salz und Pfeffer

Olivenöl-Emulsion

5 dl kräftigen Fischfond
1 dl Weißwein
6 cl Noilly Prat
10 g Schalottenwürfel
40 g Champignonscheiben
4 cl Orangensaft
Speisestärke
100 g Butter
15 g grünes Olivenpüree
1 dl Olivenöl
4 Petersilienzweige
5 Basilikumzweige
1 cl Limonen-Olivenöl
Salz und Pfeffer aus der Mühle

Safran-Risotto

80 g Risottoreis
1 EL Schalottenwürfel
5 cl Olivenöl
5 cl Weißwein
15 cl Geflügelfond
20 g Butterwürfel
1 Msp Safranfäden
Salz und Pfeffer aus der Mühle
4 EL Parmesan, gerieben

Zubereitung

Fisch
Die Toastbrotscheiben mit den Kräutern in einer Moulinette fein mixen. Die Fischfilets mit Salz, Pfeffer und Zitronensaft würzen. Eine Stielpfanne mit Olivenöl ausreiben, eine Prise Salz einstreuen und die Fischfilets mit der Hautseite nach unten ins Olivenöl geben. Dann sofort mit der Hautseite in das Kräuter-Weißbrot drücken, durch das Olivenöl haftet die Panade am Fisch. Die Filets mit der dickflüssigen Butter beträufeln und zum Servieren mit etwas Fischfond angießen und im Salamander mit Oberhitze etwa fünf Minuten goldbraun überbacken.

Olivenöl-Emulsion
Die Schalotten und Champignons in Olivenöl anschwitzen. Weißwein, Noilly Prat und Orangensaft zufügen und auf ein Drittel einkochen. Den Fischfond aufkochen und 20 Minuten ziehen lassen, dann durch ein feines Sieb passieren. Den Fond mit etwas Speisestärke leicht binden. Dann die Butter mit Olivenpüree, Olivenöl und den grob gehackten Kräutern fein untermixen und mit Salz und Pfeffer abschmecken. Die Sauce nochmals durch ein feines Sieb passieren. Kurz vor dem Servieren die Sauce nochmals mixen.

Safran-Risotto
1cl Olivenöl und Schalottenwürfel in einer heißen Sauteuse glasig dünsten und Reis eine Minute glasig mitdünsten. Mit Weißwein ablöschen, Safran zugeben und dann so viel Geflügelfond zugießen bis der Reis bedeckt ist. Unter Rühren und ständigem Nachgießen in 15-18 Minuten bissfest köcheln. Zum Schluss die Butter, den Parmesan und das Olivenöl unterrühren und mit Salz und Pfeffer würzig abschmecken. Das Risotto sollte mit einem leichten Biss im Korn serviert werden.

Anrichten
Das Risotto in heißen, tiefen Tellern anrichten. Die gratinierten Rotbarbenfilets darauf platzieren und mit der aufgeschäumten Sauce umgießen.

Gebackenes Schollenfilet mit Mayonnaisenkartoffelsalat

Rezept für 4 Personen

Zutaten:

Scholle

2 kg Scholle
Meersalz
250 g Mehl
0,2 l Bier
3 EL Öl
10 g Zucker
5 g Salz
2 Eigelb
2 Eiweiß

Mayonnaise für 1,25l

5 Eigelb
10 g Salz
1 l Öl
2 EL Essig
10 g Senf

Mayonnaisenkartoffelsalat

1 kg Kartoffeln, festkochend
0,1 l Fleischbrühe
3-4 EL Weißweinessig
100 g Gewürzgurken in feine Würfel geschnitten
200 g Schalotten in feine Würfel geschnitten
1 Msp. Senf
0,06 l Pflanzenöl
Salz und Pfeffer aus der Mühle
4 EL Tomaten-Concassée
4 EL Salatgurkenwürfel
3 EL feingeschnittener Schnittlauch

Zubereitung

Scholle
Den Fisch waschen und filetieren. Für den Teig Mehl in eine Schüssel sieben. Zutaten außer Eiweiß dazugeben. Alles glattrühren, aber nur kurz bearbeiten, damit der Teig nicht zäh wird. Erst vor der Verwendung das zu Schnee geschlagene Eiweiß unterheben. Die Filets mit Salz auf beiden Seiten würzen, durch den Ausbackteig ziehen und im Fettbad backen.

Mayonnaisenkartoffelsalat
Gewaschene Kartoffeln mit der Schale kochen, abgießen und zum Ausdampfen flach ausbreiten. Kartoffeln noch warm pellen und in feine Scheiben schneiden. Fleischbrühe, Gewürzgurkenfond zusammen mit Zwiebeln, Gewürzgurke und Essig aufkochen. Danach mit Salz, Pfeffer und Senf abschmecken, das Öl einrühren und die heiße Marinade über die Kartoffelscheiben gießen und kalt stellen.

Nun die Mayonnaise herstellen. Dafür in einer Schüssel, Eigelb, Senf und Salz schaumig rühren. Vom Öl wird zunächst ein kleiner Teil tropfenweise dazu gerührt. Später, wenn schon ein gewisser Stand vorhanden ist, kann man größere Mengen einrühren. Jetzt kann der Mayonnaise Essig hinzugeführt werden. Wenn die Mayonnaise ausgiebig gerührt wurde, zeigt sie eine feste Konsistenz an. Nun heben wir die Mayonnaise unter die Kartoffelscheiben und verfeinern den Kartoffelsalat mit Tomaten- sowie Salatgurkenwürfeln und feingeschnittenem Schnittlauch.

Anrichten
Den Kartoffelsalat dekorativ auf Tellern anrichten und das gebackene Schollenfilet dazulegen.

Dorade rosé mit fruchtiger Gemüsesalsa, Zucchini und Mangold

Rezept für 4 Personen

Zutaten:

Fisch

1 Dorade rosé 1,2 kg
2 Thymianzweige
1 Knoblauchzehe, zerdrückt
Salz
Olivenöl

Mangold

1 kg Mangold
Saft einer halben Zitrone

Gemüsesalsa

100 ml Olivenöl
3 mittelgroße Zwiebeln in Scheiben geschnitten
8 Knoblauchzehen
feines Meersalz
2 Fenchelknollen, geputzt in feine Scheiben geschnitten
Schale einer halben Zitrone mit dem Gemüseschäler in vier Streifen abgeschält
4 getrocknete Fenchelzweige
750 g Fischreste, vom weißfleischigen Fischen
8 Basilikumstengel
15 weiße Pfefferkörner
2 dünne Zitronenscheiben + 2 Zitronen, geschält, in 9 Spalten zerteilt und filetiert, entkernt und fein gewürfelt
125 g gekochter Schinken, in sehr feine Streifen geschnitten
30 g Butter
40 g abgepackte Mandelblättchen
5 getrocknete Tomaten, leicht mit der Gabel zerdrückt
5 Frühlingszwiebeln, in feine Ringe geschnitten
20 kleine Kapern

Gemüse

90 g Butter
450 ml Geflügelbrühe
3 EL Olivenöl
4 mittelgroße Zucchini, die Schale in 3 mm dicke Streifen abgeschält und rund ausgestochen

Zubereitung

Fisch
Die Dorade filetieren und unter kaltem Wasser abbrausen und gut trockentupfen. Olivenöl in einer Teflonpfanne erwärmen. Die Doradenfilets hineinlegen, Knoblauch und Thymian hinzufügen und vorsichtig 2 Minuten von jeder Seite goldgelb braten. Butter dazugeben und den Fisch immer wieder mit der schäumenden Butter übergießen. Mit Salz und Pfeffer würzen.

Mangold
Den Mangold putzen. Die Stiele abschneiden, schälen und in 7,5 x 2 cm große Stücke zerteilen. Diese in eine Schüssel mit kaltem Wasser geben und den Zitronensaft hinzufügen. 4 Mangoldblätter in Streifen schneiden und für die Sauce aufheben.

Gemüsesalsa-Sauce
Das Olivenöl in einem mittelgroßen Topf erwärmen. Die Zwiebeln und den Knoblauch hineingeben, salzen und unter ständigem Rühren dünsten, bis die Zwiebeln sehr weich und glasig sind. Die Fenchelscheiben, Zitronenschale und den getrockneten Fenchel dazugeben und garen bis das Gemüse weich ist. Die Fischabschnitte, Basilikum, Pfefferkörner, ½ TL Salz hinzufügen, mit Wasser auffüllen und aufkochen lassen. Anschließend bei schwacher Hitze 40 Minuten köcheln lassen.
Die Brühe durch ein feines Sieb passieren, Bestandteile dabei gut andrücken., um ihnen die Flüssigkeit zu entziehen. Die Zitronenscheiben hineingeben, die Brühe zum Kochen bringen und um die Hälfte einkochen lassen. Anschließend passieren.
Die Hälfte der Mangoldblätter, die Hälfte des Schinkens und ein Viertel der Zitronenwürfel im Mörser zu einer groben Paste zerstoßen.
Sauce fertig kochen. Den Fond bei mittlerer Hitze aufkochen lassen, die Butter einrühren und mit Salz und Pfeffer würzen. Die restlichen Mangoldblätter, Schinken, Mandeln, Tomaten, Frühlingszwiebeln, Fenchel, Kapern, Zitronenwürfel und die Mangold-Schinken-Paste hineingeben und gut umrühren.

Gemüse
Die Butter in einem Topf zerlassen. Die Mangoldstiele abgießen und so lange dünsten, bis sie weich zu werden beginnen, ohne Farbe anzunehmen. Die Mangoldstiele knapp mit der Hühnerbrühe bedecken, mit Salz und Pfeffer würzen und bei großer Hitze so lange kochen, bis sie sehr weich sind und die Flüssigkeit verdunstet ist. Der Mangold muss zum Schluss leicht glasiert sein.
Die runden Zucchinistücke in Olivenöl braten und mit Salz und Pfeffer würzen.

Anrichten
Das Gemüse aus dem Topf nehmen und gleichmäßig auf vier vorgewärmten Tellern anrichten. Die Doradenfilets auf dem Gemüse anrichten, mit je 1 Teelöffel Olivenöl beträufeln und mit der Sauce umgießen und sofort servieren.

Gratinierte Sauerrahmtarte mit Himbeeren und Mascarponeeis

Rezept für 4 Personen

Zutaten:

Tarte

500 g Mehl Type 405, gesiebt
300 g Zucker
300 g Butter, pomadig
4 Eigelb
1 Vollei

Füllung

500 g Schmand
1 Vollei
15 g Vanillepulver
50 g Zucker
Mark von einer Vanilleschote

Mascarponeeis

250 g Milch
250 g Sahne
½ Vanilleschote
300 g Mascarpone
9 Eigelb
150 g Zucker
Zitronenzesten

Garnitur

200 g Himbeeren

Zubereitung:

Tarte
Butter, Zucker, Eigelb und Vollei schaumig aufschlagen, Mehl dazugeben und zu einem glatten Teig kneten und für ca. 1 Stunde kaltstellen. Dann in eine Form von ca. 20-22 cm Durchmesser einlegen und blind backen im vorgeheizten Ofen bei ca. 175°C Umluft. Teighülle mit Eigelb auspinseln und noch mal kurz bei 200°C backen, bis das Eigelb gestockt ist.

Füllung
Vollei, Puddingpulver und Zucker glattrühren, mit dem Schmand und dem Vanillemark vermischen (nicht schaumig rühren). Die Masse in die Mürbeteigschale geben und bei ca.160°C stocken lassen, bis die Masse auf den Fingerdruck nicht mehr nachgibt.
Sie darf beim Backen keine Farbe nehmen.

Mascarponeeis
Eigelbe und 100 g Zucker über dem Wasserdampf schaumig schlagen. Sahne, Milch, 50 g Zucker, ausgeschabte Vanilleschote und Zitronenzesten aufkochen und in die Eigelbmasse einrühren. Im Wasserbad unter ständigem Rühren etwas andicken lassen. Durch ein feines Sieb abseihen, die Mascarpone einrühren und in der Eismaschine frieren.

Anrichten
Die Tarte in gleichmäßige Tortenstücke schneiden, mit braunem Zucker bestreuen und mit einem Bunsenbrenner karamellisieren. Die Stücke auf einen Teller legen, mit den Himbeeren umlegen und mit einer Kugel Mascarponeeis verfeinern.

Herbst

Samtsuppe vom Muskatkürbis mit Paprika und Dill

Rezept für 4 Personen

Zutaten:

1 kg Muskatkürbis (Fruchtfleisch ist sehr aromatisch)
1 EL Butter
3 Schalotten, in feine Würfel geschnitten
1 rote Paprika, grob gewürfelt
50 g Knollenselleriewürfel
1 TL Paprikapulver
Spritzer weißen Balsamicoessig
0,75 l hellen Geflügelfond
0,25 l flüssige Sahne
2 EL geschlagene Sahne
Salz und Pfeffer aus der Mühle
1 Lorbeerblatt
2 Pimentkörner
Frisch geriebene Muskatnuss
2 EL geschnittener Dill
4 TL Kürbiskernöl
2 EL geröstete Kürbiskerne
3 EL feine rote Paprikawürfel (enthäutet, entkernt und gegart)

Zubereitung

Samtsuppen sind Gemüsepüree-Suppen, die mit geschlagener Sahne kurz vor dem Servieren aufgemixt werden und somit eine samtige Konsistenz erhalten.

Den Kürbis schälen und in kleine Stücke schneiden. Die Schalotten, Paprika und Selleriewürfel in Butter in einem Topf anschwitzen, den Kürbis - ohne dass dieser Farbe annimmt - mitschwitzen, Paprikapulver hinzufügen und mit einem Spritzer Essig ablöschen. Mit Geflügelfond auffüllen und mit Salz, Pfeffer und frisch geriebener Muskatnuss würzen. Pimentkörner und das Lorbeerblatt dazugeben und rund 30 Minuten leicht köcheln lassen. Anschließend die flüssige Sahne dazugeben, kurz durchkochen, im Mixer pürieren und durch ein feines Sieb passieren. Nochmals mit Salz, Pfeffer und Muskatnuss abschmecken.

Anrichten

Vor dem Servieren die geschlagene Sahne, den feingeschnittenen Dill und die Paprikawürfel in die Tasse geben. Suppe eingießen und mit Kürbiskernöl und gerösteten Kürbiskernen garnieren.

Gebratene Jakobsmuscheln mit Brunnenkresse und aufgeschäumter Vinaigrette

Rezept für 4 Personen

Zutaten:

Muscheln

12 Jakobsmuscheln á 340 g
Rapsöl und Butter zum Braten
Salz und Cayennepfeffer

Salat und Kresse

1 Schale Shiso red
1 Schale Mustard Cress
1 Schale Affila Cress
1 Schale Rock Chives
1 Bd Brunnenkresse
1 Kopf Friseesalat
16 Schnittlauchhalme (2 cm lang)
Etwas geriebener Parmesan
1 EL hellen Balsamicoessig
3 EL Olivenöl
Salz, Zucker und frisch gemahlenen Pfeffer

Brunnenkressepüree

500 g geputzter und gewaschener Blattspinat
500 g geputzte und gewaschene Brunnenkresse
1 Knoblauchzehe in feine Würfel geschnitten
200 g Nussbutter
100 ml Geflügelbrühe
50 g geschlagene Sahne

Vinaigrette

100 g Schalottenwürfel
2 cl Olivenöl
5 cl Sherryessig
5 cl Balsamicoessig
50 cl kräftigen Geflügelfond
60 g Nussbutter
10 g Butter
Salz und Cayennepfeffer
Eigelb zur Bindung

Zubereitung

Muscheln
Mit einem robusten, aber nicht zu scharfen Messer auf der flachen Seite die Jacobsmuscheln öffnen. Das weiße Muskelfleisch herausschneiden und von den Bärten und Rogen befreien.
Rapsöl in einer Pfanne erhitzen. Die Jakobsmuscheln hineinlegen und von beiden Seiten scharf anbraten. Nun die Butter in die Pfanne geben und die Jakobsmuscheln mit der Butter immer wieder übergießen. Die Jakobsmuscheln sollten eine Kerntemperatur 38°C haben. Als letztes die Muscheln mit Salz und Cayennepfeffer würzen.

Salat
Friseesalat putzen, waschen und trockenschleudern. Vom Frisee nur das Gelbe klein zupfen.
Die Kresse in kleine Blättchen zupfen. Den Essig mit dem Olivenöl verrühren und mit Salz, Zucker und Pfeffer würzen. Den Salat mit der Kresse, Schnittlauch und dem Parmesan mischen und mit der Vinaigrette leicht marinieren.

Brunnenkressepüree
Die Brunnenkresse in kochendem Salzwasser 2 Minuten blanchieren und in Eiswasser abkühlen lassen. Den Blattspinat in kochendem Salzwasser blanchieren und in Eiswasser abkühlen lassen. Die Knoblauchwürfel in wenig brauner Butter 2 Minuten dünsten. Brunnenkresse und Spinat sehr sorgfältig ausdrücken und mit der restlichen warmen, braunen Butter und dem Knoblauch vermengen.
Die Masse im Pacojet-Becher eingefüllt einfrieren und pacossieren (Vorgang viermal wiederholen). Man kann auch die Masse in einer Mulinette mit Zugabe von Geflügelfond fein pürieren.
Das feine Püree mit wenig Geflügelbrühe erwärmen und würzen mit Salz, Cayennepfeffer und frisch geriebener Muskatnuss.
Mit wenig geschlagener Sahne dem Püree eine cremige Konsistenz geben.

Vinaigrette
Die Schalottenwürfel in Olivenöl glasig anschwitzen. Das Ganze nun mit dem Geflügelfond auffüllen, einmal aufkochen lassen und mit den beiden Essigen abschmecken. Nun mit Hilfe eines Zauberstabes die Nussbutter sowie die Butter in den Geflügelfond geben und mixen, mit Salz und Cayennepfeffer abschmecken.
Jetzt den Geflügelfond etwas höher erhitzen, damit sich die Emulsion stabilisiert. Zum Schluss das Eigelb reinmixen.

Anrichten
Ein Esslöffel Brunnenkressepüree in die Mitte der Teller geben und den Salat darauf dekorativ anrichten. Die Muscheln dazulegen und mit der aufgeschäumten Vinaigrette übergießen.

Weißer Heilbutt mit Kräuterkruste und Steinpilzen

Rezept für 4 Personen

Zutaten:

Heilbutt

8 Heilbuttfilets à 70 g
Salz und Pfeffer aus der Mühle
Rapsöl
Butter

Milchschaum

1 Zweig Rosmarin
0,2 l Milch
Salz

Kräuterkruste

1 Handvoll gemischte Kräuter (Kerbel, Estragon, Petersilie, Schnittlauch, etwas Thymian)
120 g Semmelbrösel

Steinpilze

500 g Steinpilze
3 Schalotten, in feine Würfel geschnitten
1 Knoblauchzehe, angedrückt
2 EL gehackte Petersilie
Olivenöl
Salz und Pfeffer aus der Mühle

Zubereitung

Heilbutt
Die Heilbuttfilets mit Salz und Pfeffer würzen. Rapsöl in einer beschichteten Pfanne erhitzen und den Fisch goldgelb anbraten. Mit der Kräutermischung gut bestreuen, Butterflocke dazugeben und unterm Grill die Kruste bräunen.

Milchschaum
Die Milch mit Rosmarin, Salz und Pfeffer einmal aufkochen. Fünf Minuten ziehen lassen und durch ein feines Sieb passieren. Mit Hilfe eines Zauberstabes kurz vor dem Servieren schaumig aufmixen.

Kräuterkruste
Die Kräuter (außer Schnittlauch) zupfen, waschen und trocken schleudern. Den Schnittlauch in feine Röllchen schneiden und die restlichen Kräuter sehr fein hacken. Die Semmelbrösel mit den Kräutern gut vermischen.

Steinpilze
Die Steinpilze mit einem Pinsel von Sand und Schmutz befreien, nur bei starker Verschmutzung kalt waschen und dann gut abtropfen lassen. Die Steinpilze in gleichmäßige dünne Scheiben schneiden.
Olivenöl in einer Pfanne erhitzen, die Steinpilze dazugeben und rasch anbraten.
Schalottenwürfel hinzufügen und mit Salz und Pfeffer würzen, mit Petersilie verfeinern.

Anrichten
Die Steinpilze auf vorgewärmten Tellern anrichten. Das Heilbuttfilet mit der Kräuterseite nach oben auf die Steinpilze legen und mit dem Milchschaum verfeinern. Dazu passen Röstkartoffeln.

Gebratenes Perlhuhn mit Salbei, Sellerie und Blutorangen

Rezept für 4-6 Personen

Zutaten:

2 Perlhühner je ca. 1 kg
8 Blutorangen
1 Staudensellerie
½ Bd Thymian, die Blätter abgezupft
Salz und Pfeffer aus der Mühle
1 EL Olivenöl
6 Knoblauchzehen
100 g Butter
10 Salbeiblätter
350 ml fruchtiger Weißwein
0,3 l dunklen Geflügelfond
50 g kalte Butterstücke

Zubereitung

Das Fett im Bauch der Perlhühner entfernen. Das Geflügel innen und außen gründlich waschen und mit Küchenpapier trocken tupfen. Von außen und innen mit Salz und Pfeffer würzen. Vorsichtig die Schale von den Orangen ablösen. (Wenn Sie ein Stückchen Schale abgeschnitten haben, finden Sie leicht die Stelle, wo Fruchtfleisch und Schale ineinander übergehen.) Jede Orange in fünf oder sechs Scheiben schneiden. Die harten äußeren Stiele vom Sellerie entfernen, bis Sie an die weißen im Inneren kommen, diese in feine Scheiben schneiden. Orangen und Sellerie in eine Schüssel geben, mit dem Thymian und jeweils mit einer kleinen Prise Salz und Pfeffer vermischen und mit dieser Mischung die Perlhühner füllen. Nun die Perlhühner mit Hilfe eines Küchengarns binden.

Binden von Geflügel
Vom Huhn erst den Halsknochen und den Bürzel entfernen und es anschließend auf die Seite legen. Durch Druck mit beiden Händen die Rippen

brechen und die Keulen mit Küchengarn fest zusammenbinden. Das Garn an den Keulen entlang bis zum Körper ziehen, das Huhn drehen und das Garn um die Flügel wickeln. Abschließend das Huhn noch einmal drehen und das Garn zusammenziehen und festknoten.

Einen Bräter oder Topf erhitzen, das Olivenöl und die Perlhühner hineingeben. Von allen Seiten scharf anbraten, bis sie goldgelb sind, dann Knoblauch, Salbei und Butter zugeben und 3-4 Minuten goldbraun anbraten. Regelmäßig so viel Wein angießen, dass der Topfboden immer leicht bedeckt ist. Für ca. 55 Minuten bei 180°C in den vorgeheizten Ofen geben. Dabei - falls nötig - etwas Wein nachgießen. Die Perlhühner werden gleichzeitig gebraten und geschmort.
Wenn das Geflügel gar ist, vorsichtig aus dem Ofen nehmen und für 5 Minuten mit der Unterseite nach oben auf eine Platte legen, damit sich Säfte und Feuchtigkeit wieder im Brustfleisch sammeln können.

Bratensauce
Das Fett aus dem Bräter gießen und diesen bei geringer Hitze auf den Herd stellen. Auf dem Topfboden befinden sich die weich gekochten, süßlichen ganzen Knoblauchzehen und der Bratensatz. Wenn das alles erwärmt ist, die Füllung vom Perlhuhn in den Bräter geben und mit einen Glas Weißwein ablöschen. Während der Wein einkocht, den Bratensatz mit Hilfe eines Löffels vom Boden lösen. Wenn er sich in der Flüssigkeit aufgelöst hat, leise köcheln lassen. Den gedünsteten Knoblauch mit einem Löffel aus der Haut drücken (die Haut wegwerfen); dadurch wird die Sauce etwas dicker und erhält ein wenig Extra-Geschmack. Den Bratensaft, den man von den Perlhühnern aufgefangen hat, sowie den dunklen Geflügelfond in den Topf gießen und das Ganze auf die Hälfte einkochen lassen. Nun die Sauce mit kalten Butterflocken verfeinern und binden.

Die Perlhühner mit Röstkartoffeln servieren.

Gebratene Barbarie Entenbrust mit Honig-Pfefferkruste, glaciertem Chicorée und Topinamburpüree

Rezept für 4 Personen

Zutaten:

Barbarie Ente

4 Entenbrüste á 160g
Salz und Pfeffer aus der Mühle
Öl zum Braten
4 Rosmarinzweige

Kruste

200 g Honig
60 g gemahlener Koriander
1 TL gemahlener weißer Pfeffer
½ TL gemahlener Kümmel

Sauce

65 g Puderzucker
100 ml trockenen Sherry
250 ml Ananassaft
25 g sehr feine Ingwerwürfel
25 g sehr feine Ananaswürfel
400 ml brauner Geflügelfond
30 g Butter

Chicorée

3 Stck Chicorée in Blättern
Saft von einer Limone
1 EL Puderzucker
2 cl weißer Portwein
1 cl Weißwein
25 g Butter

Topinamburpüree

500 g Topinambur
2 Schalotten
60 g Butter
300 ml Milch
300 ml Sahne
Salz und Pfeffer aus der Mühle
Frisch geriebene Muskatnuss

Zubereitung

Entenbrust
Die Entenbrusthaut mit einem scharfen Messer kreuzweise einritzen, mit Salz und Pfeffer würzen. Öl in einer Pfanne erhitzen. Die Entenbrüste auf der Hautseite in die Pfanne legen und kross anbraten. Die Entenbrüste umdrehen, Rosmarinzweige auf die krosse Haut legen, mit heißem Öl übergießen. Die Entenbrüste im Ofen auf einem Gitter bei 135°C ca. 14-18 Minuten (Kerntemperatur 59°C) garen.
Für die Kruste alle Zutaten miteinander verrühren und kaltstellen.
Die Entenbrüste aus dem Ofen nehmen und die Grillfunktion einschalten.
Von der Honigmasse kleine Kugeln formen, auf die Entenbrüste legen und unterm Grill 1 Minute gratinieren.

Sauce
Den Puderzucker in einem Topf karamellisieren und mit dem Sherry ablöschen. Das Ganze vollständig einkochen lassen. Mit dem Ananassaft aufgießen und 5 Minuten köcheln lassen, anschließend den dunklen Geflügelfond dazu gießen. Die Sauce mit der Butter aufmontieren und mit Salz und Pfeffer abschmecken. Kurz vor dem Servieren die Ananas- und Ingwerwürfel unterrühren.

Chicorée
Die Chicoreeblätter in Butter anschwitzen, mit Puderzucker bestäuben und mit Limonensaft ablöschen. Den weißen Portwein und den Weißwein hinzufügen und solange kochen, bis der Chicorée weich ist.

Topinamburpüree
Die Schalotten fein würfeln und mit den kleingeschnittenen Topinamburscheiben in Butter anschwitzen. Mit Milch und der Sahne angießen und einkochen lassen. Topinambur in einer Küchenmaschine pürieren. Mit Salz, Pfeffer und frisch geriebener Muskatnuss abschmecken.

Anrichten
Den Chicorée auf vorgewärmten Tellern anrichten. Vom Topinamburpüree Nocken abstechen und dekorativ dazulegen. Die Barbarie Entenbrüste in gleichmäßige Scheiben schneiden und ebenfalls dazulegen. Mit der Sauce umgießen.

Geschmorter Ochsenschwanz mit rosa Champignons

Rezept für 4 Personen

Zutaten:

Ochsenschwanz

2 kg Ochsenschwanz
4 Zwiebeln
120 g Knollensellerie
2 Möhren
Rapsöl
2 EL Butter
2 EL Tomatenmark
150 ml Rotwein
100 ml roter Portwein
100 ml Madeira
250 ml dunklen Kalbsfond
2 Knoblauchzehen
2 Thymianzweige
1 Rosmarinzweig
12 weiße Pfefferkörner
2 Pimentkörner
Salz und Pfeffer aus der Mühle
Zucker
250 g 1x1 cm groß geschnittenes Gemüse (Karotte, Sellerie, Lauch)
250 g rosa Champignons
2 EL Schalottenwürfel
1 EL Schnittlauchröllchen

Zubereitung

Ochsenschwanz
Den Ochsenschwanz in Segmente schneiden und mit Salz würzen. Zwiebeln, Knollensellerie und Möhren schälen und in walnussgroße Stücke schneiden. Das Rapsöl in einem Topf erhitzen und die Ochsenschwanzstücke darin von allen Seiten kräftig anbraten. Die Fleischstücke herausnehmen und das Fett abgießen. Die Hitze zurückschalten und das Gemüse sowie 1 EL Butter in den Topf geben. Goldbraun anbraten, das Tomatenmark zugeben, kurz anrösten und das Fleisch wieder dazugeben. Mit dem Rotwein, Portwein und Madeira ablöschen und 5 Minuten köcheln lassen, dann den Kalbsfond angießen und zum Kochen bringen. Den Ochsenschwanz zugedeckt im vorgeheiztem Ofen bei 180° C ca. 2-3 Stunden weich schmoren.
Etwa 10 Minuten vor Ende der Garzeit die Knoblauchzehen abziehen und zusammen mit Thymian, Rosmarin, Pfefferkörnern, Lorbeerblatt sowie den Pimentkörnern in den Topf geben und mit schmoren lassen. Das Fleisch aus der Sauce nehmen und abkühlen lassen. Die Sauce durch ein Sieb passieren. Nun das in 1x1cm groß geschnittene Gemüse dazugeben und die Sauce in eine gewünschte Saucenkonsistenz reduzieren. Nochmals abschmecken mit Salz und frisch gemahlenem Pfeffer.
Das Fleisch vom Knochen lösen. Nun die Champignons putzen und vierteln. Rapsöl in einer Pfanne erhitzen die Pilze darin leicht anbraten. Die Schalottenwürfel sowie die Butter dazugeben und mit Salz und Pfeffer würzen. Die Fleischstücke vom Ochsenschwanz zugeben und erhitzen. Das Ganze jetzt mit der Schmorsauce auffüllen und mit Schnittlauch verfeinern.

Tipp: Dazu passen Bandnudeln, Kartoffeln oder einfach ein schönes knuspriges Baguette.

Gebratenes Hasenrückenfilet mit Maronen, Wirsing und glacierten Birnen

Rezept für 4 Personen

Zutaten:

Hasenrücken

600 g Hasenrückenfilet
Salz, Pfeffer aus der Mühle
Öl zum Braten
3 Wacholderbeeren
1 Rosmarinzweig

Sauce

200 ml Wildfond
50 ml roten Portwein
50 ml Rotwein
2 Schalotten, in feine Würfel geschnitten
50 g Butter

Birnen

2 Williams Christ Birnen
500 ml schwarzer Johannisbeersaft
140 g Zucker
1 EL Johannisbeergelee
½ Stange Zimt
2 Nelken
1 unbehandelte Orange
1 EL Butter

Wirsing

400 g Wirsing
1 EL Butter
1 EL durchwachsener Speck, in feine Würfel geschnitten
1 Schalotte, in feine Würfel geschnitten
0,02 l Sahne
Salz und Pfeffer aus der Mühle

Maronen

400 g Maronenpilze
1 EL durchwachsener Speck, in feine Würfel geschnitten
1 Schalotte, in feine Würfel geschnitten
1 EL Rapsöl
Salz und Pfeffer aus der Mühle
1 EL feingeschnittene Blattpetersilie

Kartoffelschaum

500 g Kartoffeln
80 ml Milch
80 ml Sahne
200 g Butter
Salz aus der Mühle
Frisch geriebene Muskatnuss

Zubereitung

Hasenrücken
Die Hasenrückenfilets mit Salz und Pfeffer würzen. Öl in einer Pfanne erhitzen. Die Hasenrückenfilets mit den Kräutern in die Pfanne geben und von beiden Seiten gleichmäßig anbraten. Im vorgeheizten Ofen bei 135°C ca. 8 min (Kerntemperatur 54°C) garen.

Sauce
Die Schalottenwürfel mit Portwein und Rotwein reduzieren. Mit Wildfond aufgießen, solange köcheln, bis die Saucenbasis eine angenehm bindende, aber nicht zu feste Konsistenz hat und mit Butterflocken binden.

Birnen
Zucker in einem Topf karamellisieren und mit Johannisbeerensaft ablöschen. Die Orange auspressen, von einer Hälfte die Schale abreiben. Johannisbeergelee, Zimtstange, Nelken, Orangensaft und Orangenschale aufkochen und auf die Hälfte reduzieren. Die Birnen schälen, sechsteln und das Kerngehäuse entfernen. In den Gewürzfond legen und nochmals aufkochen.
Kurz vor dem Servieren etwas Flüssigkeit in einen anderen Topf geben, mit den kalten Butterstücken binden und die Birnenspalten hinzufügen.

Wirsing
Vom Wirsing den Strunk entfernen, die Blätter erst in feine Streifen schneiden und dann in Würfel. Die Speck- sowie die Schalottenwürfel in etwas Butter anschwitzen, den Kohl hinzufügen und mit flüssiger Sahne auffüllen. Mit Salz und Pfeffer gut abschmecken. Das Ganze solange kochen lassen, bis der Wirsing gar ist.

Maronen

Die Maronenpilze mit einem Tuch putzen und evtl. klein schneiden. Eine Pfanne mit Pflanzenöl erhitzen und darin die Pilze anschwitzen. Speck- und Schalottenwürfel hinzufügen, mit Salz und Pfeffer würzen und zum Schluss mit der Petersilie verfeinern.

Kartoffelschaum
Kartoffeln schälen und in grobe Stücke schneiden. In Salzwasser weichkochen, abgießen und durch die Kartoffelpresse drücken. Milch und Sahne erhitzen und mit der Butter unter die gepressten Kartoffeln rühren. Mit Salz und Muskat abschmecken.

Anrichten
Das Hasenrückenfilet länglich aufschneiden, mit den anderen Zutaten und der Sauce anrichten.

Gebratene Rehkeule mit herbstlichem Gemüse und Grießnocken

Rezept für 4 Personen

Zutaten:

Rehkeule

1 Rehkeule in Segmente geteilt
1 EL Wacholder
1 TL schwarze Pfefferkörner
4 Pimentkörner
Abrieb von einer unbehandelten Zitrone
8 EL Rapsöl
2 Rosmarin- sowie Thymianzweige
Salz und Pfeffer aus der Mühle
Rapsöl
Butter zum Nachbraten

Sauce

3 Schalotten, in feine Würfel geschnitten
60 g Butter
125 ml Cognac
125 ml Madeira
0,5 l brauner Wildfond

Gemüse

100 g getrocknete Aprikosen
2 Schalotten, in feine Würfel geschnitten
100 g helle Trauben
100 g Rosenkohl, geputzt, gekocht und halbiert
100 g gekochte Maronen
1 EL Haselnussöl
1 TL dunklen Balsamicoessig
1 EL Butter
Salz und Pfeffer aus der Mühle
Zucker
2 Thymianzweige
3 EL Granatapfelkerne

Grießnocken

120 g Butter
3 Eier
180 g Hartweizengrieß
1 Prise Salz
Frisch geriebene Muskatnuss
1,5 l Rinderfond
100 g Butter

Zubereitung

Rehkeule
Wacholder, Pfeffer, Pimentkörner grob zerstoßen. Gewürze mit Zitronenabrieb und Rapsöl verrühren. Fleisch damit einreiben. Fleisch mit Rosmarin und Thymian belegen, in Folie wickeln und im Kühlschrank 8 Stunden, besser über Nacht marinieren.
Den Backofen auf 135° C vorheizen. Das Fleisch aus der Folie wickeln. Das Öl in einer Pfanne erhitzen und die Rehkeulenstücke von beiden Seiten goldbraun anbraten. Die Fleischstücke im vorgeheizten Ofen auf ein Gitter legen und ca. 15-25 Minuten garen (Kerntemperatur 56°C). Rausnehmen und 5 Minuten ruhen lassen. Kurz vor dem Servieren in leicht gebräunter Butter nachbraten und mit Salz würzen.

Sauce
Die Schalottenwürfel mit einem Drittel der Butter in einem Topf anschwitzen. Mit Cognac und Madeira ablöschen und das Ganze danach solange kochen, bis die Flüssigkeit fast vollständig eingekocht ist. Den braunen Fleischfond in den Topf gießen, Rosmarin und Wacholder dazugeben und ca. 3 Minuten einkochen lassen. Die Sauce durch ein feines Sieb passieren und in den Topf zurückgießen. Die restliche Butter bei schwacher Hitze unterrühren und mit Salz und Pfeffer abschmecken.

Gemüse
Die getrockneten Aprikosen in Würfel schneiden und die Maronen halbieren. Die hellen Trauben häuten, dann halbieren und entkernen. Den Thymian waschen, trocken schütteln, die Blättchen vom Stiel zupfen und sehr fein hacken.
Die Schalottenwürfel in Haselnussöl glasig dünsten, alle restlichen Zutaten hinzufügen und anschwitzen. Mit Thymian würzen und mit Zucker und Butter glasieren. Das Gemüse mit Salz und Pfeffer abschmecken.

Grießnocken
Butter mit dem Mixer schaumig rühren, dann Eier sowie Grieß unterrühren und mit Salz und Muskat abschmecken. Die Grießmasse 90 Minuten kalt stellen, damit der Grieß gut quellen kann. Aus der Grießmasse mit zwei Löffeln schöne Nocken formen und in den kochendem Rinderfond geben. Die Nocken 5 Minuten kochen lassen, danach bei reduzierter Hitze 10 Minuten ziehen lassen. Die Nocken aus der Brühe nehmen und abtropfen lassen.
Butter in einer Pfanne leicht bräunen und die Nocken darin braten.

Anrichten
Das Gemüse mittig auf vier vorgewärmten Tellern anrichten. Die Rehkeule in gleichmäßige Scheiben schneiden und auf das Gemüse legen.
Die Nocken dazulegen und mit der Sauce umgießen.

Rosa gebratenes Hirschrückensteak mit Vanillekarotten und Kartoffelpiroggen

Rezept für 4 Personen

Zutaten:

Hirschrückensteak

4 Hirschrückensteaks á 160 g küchenfertig, ohne Sehnen und Silberhaut
1 TL Wacholder
½ TL schwarze Pfefferkörner
2 Pimentkörner
Abrieb von einer unbehandelten Zitrone
4 EL Rapsöl
Salz und Pfeffer aus der Mühle
Butter zum Nachbraten
0,1 l Wildjus

Kartoffelpiroggen

100 g mehligkochende Kartoffeln
150 g rosé Champignons
10 g Butter
1 Eigelb
1 TL gehackte Petersilie
Salz und Pfeffer aus der Mühle
200 g Blätterteig TK
Mehl zum ausrollen
1 Eigelb
1 EL Vollmilch

Karotten

8 Karotten, fingerdick
½ Vanilleschote
2 EL Butter
Salz aus der Mühle
Zucker

Zubereitung

Hirschrückensteak
Wacholder, Pfeffer, Pimentkörner im Mörser grob zerstoßen. Gewürze mit Zitronenabrieb und Rapsöl verrühren. Fleisch damit einreiben. Das Fleisch in Klarsichtfolie wickeln und im Kühlschrank 8 Stunden - besser über Nacht - marinieren.
Den Backofen auf 135° C vorheizen. Das Fleisch aus der Folie wickeln. Das Öl in einer Pfanne erhitzen und die Hirschrückensteaks von beiden Seiten goldbraun anbraten. Die Hirschrückensteaks im Ofen auf einem Gitter ca. 15 Minuten garen (Kerntemperatur 56°C). Kurz vor dem Servieren in leicht gebräunter Butter nachbraten und mit Salz und Pfeffer würzen.

Kartoffelpiroggen
Die Kartoffeln kochen, abgießen und ausdampfen lassen. Dann pellen und durch eine Kartoffelpresse drücken. Die Pilze putzen und würfeln. Butter in einer Pfanne erhitzen und die Pilze darin kurz anbraten und mit der Kartoffelmasse vermischen. Eigelb und Petersilie zufügen und mit Salz und Pfeffer abschmecken. Den Blätterteig antauen und auf einer bemehlten Fläche dünn ausrollen. Vier gleichmäßige runde Böden ausstechen und die Pilzmasse darauf verteilen. Die Teigränder mit etwas kaltem Wasser bestreichen, zu einem Halbmond zusammenklappen und kühlstellen. Das Eigelb mit der Milch verrühren, die Piroggen damit einpinseln und auf ein Backblech mit Backpapier setzen. Im vorgeheizten Ofen bei 180°C etwa 12 Minuten goldgelb backen.

Vanillekarotten
Nebenher die Karotten schälen und in feine Scheiben schneiden, diese in Butter anschwitzen und mit Vanillemark aromatisieren, etwas stilles Wasser zugeben und mit etwas Biss dünsten, mit Salz und Zucker abschmecken.

Anrichten
Die Hirschrückensteaks auf vorgewärmten Tellern anrichten. Die Piroggen sowie die Vanille-Karotten dekorativ dazulegen und mit der Sauce umgießen.

Apfeltarte mit Vanilleeis und Rumsabayone

Rezept für 4 Personen

Zutaten:

Apfeltarte

125 g Butter
225 g Zucker
400 g geschälte entkernte Apfelviertel (Boskop)
120 g Blätterteig

Vanilleeis

250 g Milch
75 g Sahne
4 Vanillestangen
250 g Zucker
Prise Salz
200 g ganze Eier
150 g Eigelb

Rumsabayone

3 Eigelb
200 g Zucker
¼ l trockener Weißwein
5 ml Rum

Zubereitung

Tarte
Den Backofen auf 220°C vorheizen. 75 g Butter in einer runden flachen Tarteform schmelzen und 150 g Zucker darin karamellisieren. Dann die Apfelstücke aufrecht und eng aneinander in den heißen Karamell setzen. Die Form für 5 Minuten auf den Boden des Backofens stellen. Die Form aus dem Ofen nehmen und den restlichen Zucker auf die Äpfel verteilen. Den Blätterteig 5 mm dick und etwas größer als die Form ausrollen und mit der Gabel mehrmals einstechen. Die Äpfel mit diesem Teigdeckel belegen. Dabei soll etwas Blätterteig über den Rand stehen, da der Teig sich beim Backen zusammenzieht.
Die Apfeltarte nun 20 Minuten backen. Anschließend aus dem Ofen nehmen, mit einem Teller leicht beschweren und abkühlen lassen. Die Form nochmals kurz auf der Herdplatte erwärmen, damit sich der Karamell vom Topfboden löst. Dann die Tarte aus der Form stürzen.

Vanilleeis
Die Milch mit der Sahne und den halbierten Vanilleschoten aufkochen und über Nacht im Kühlschrank ziehen lassen. Die restlichen Zutaten schaumig schlagen und zum Milchgemisch hinzufügen. Das Ganze im Wasserbad unter ständigem Rühren (zur Rose abziehen) andicken lassen. Durch ein feines Sieb passieren und in der Eismaschine frieren.

Rumsabayone
Das Eigelb mit dem Zucker cremig rühren. Dann die Schüssel auf ein Wasserbad stellen und den Wein sowie den Rum dazu gießen. Dabei ständig rühren. Das Wasser soll nicht mehr kochen, sondern gerade unter dem Siedepunkt gehalten werden. Mit dem Schneebesen kräftig schlagen, bis die Creme schaumig wird und das doppelte Volumen hat. Die Creme sollte eine Temperatur von etwa 45°C haben.
Eine gelungene Schaumsauce soll schaumig vom Löffel fallen.

Anrichten
Die Apfeltarte auf vier Teller verteilen. Vom Vanilleeis eine schöne runde Kugel abstechen und zur Apfeltarte legen.
Mit einen großen Löffel Sabayone die Apfeltarte verfeinern.

Winter

Maronensüppchen mit pochierten Wachteleiern und gerösteten Croûtons

Rezept für 4 Personen

Zutaten:

150 g gegarte Maronen
2 EL Schalottenwürfel
50 g Butter
5 dl Geflügelfond
3 dl Sahne
4 cl Rieslingsekt
40 g kalte Butterwürfel
Salz und Pfeffer aus der Mühle
2 EL geschlagene Sahne
2 cl weißer Portwein
2 EL. geröstete Croûtons
1 Kerbelzweig
8 Wachteleier
Essig

Zubereitung

In einem Topf die Schalottenwürfel in Butter anschwitzen, dann die Maronen dazugeben und mit Geflügelfond, Sekt und Sahne auffüllen. Etwa 5 Minuten köcheln lassen, dann im Mixer fein pürieren, die Butter untermixen und mit Salz und Pfeffer abschmecken. Kurz vor dem Servieren nochmals aufkochen und mit weißem Portwein abschmecken.

Für die pochierten Eier etwa 1l Wasser in einem breiten Topf aufkochen und den Essig zufügen. Die Eier einzeln in einer Tasse aufschlagen. Mit einem Löffel jeweils auf einer Stelle im Essigwasser rühren, so das sich ein kleiner Strudel bildet. Sofort die Eier hineingleiten und 1 Minute ziehen lassen.

In vier vorgewärmte Tassen die Wachteleier geben, die schaumige Suppe einfüllen, die geschlagene Sahne darauf geben und mit den Croûtons und Kerbel garnieren.

Gebratener Kabeljau mit Muschelvelouté und Kartoffelrisotto

Rezept für 4 Personen

Kabeljau

4 Kabeljaufilets á 140g
Salz und Pfeffer aus der Mühle
Öl zum Braten
2 Thymianzweige

Muschelvelouté

Currymischung
20 g Kurkuma
20 g Korianderkörner
10 g Kreuzkümmel
10 g weißer Pfeffer
5 g Nelken
5 g Kardamom
5 g Cayennepfeffer
5 g Fenchelsamen
5 g Muskat
3 g Sternanis

Muscheln

2 kg Miesmuscheln
1 Schalotte in feine Würfel geschnitten
1 EL Butter
250 ml Weißwein
0,4 l Sahne
1 EL Currymischung

Kartoffelrisotto

500 g festkochende Kartoffeln
2 Schalotten fein gewürfelt
2 EL Olivenöl
1 EL fein gehackte Kapern
1 Sardellenfilet fein gewürfelt
1 EL feingehackte ligurische Oliven
1 Knoblauchzehe fein gewürfelt
20 ml Noilly Prat
0,4 l heller Geflügelfond
1 Lorbeerblatt
50 g kalte Butterwürfel
Geriebener Parmesan
1 EL gehackte Petersilie
Salz und Pfeffer aus der Mühle

Zubereitung

Kabeljau
Die Filets salzen und pfeffern. Die Hautseite in Mehl legen und das überschüssige Mehl abklopfen. In einer beschichteten Pfanne Olivenöl erhitzen und darin die Kabeljaufilets auf der Hautseite knusprig anbraten, dann wenden und das Ganze im vorgeheizten Ofen bei 160°C ca. 5-8 Minuten braten.

Muschelvelouté
Alle Gewürze im Mörser möglichst fein mahlen und in einer Pfanne erwärmen. Verwendet wird nur 1 EL der Mischung. Der Rest hält sich am besten in einem verschlossenen Einweckglas.

Muscheln
Von den Muscheln den Muschelbart entfernen und dann reichlich wässern. Butter in einem Topf schmelzen lassen und die Schalottenwürfel darin farblos anschwitzen. Weißwein angießen, zum Kochen bringen, Muscheln aus dem Wasser heben und zufügen. Bei starker Hitze mit Deckel zum Aufkochen bringen. Sind alle Muscheln geöffnet, den Topf sofort vom Herd ziehen und auf ein feines Sieb ausgießen. Einige Muscheln zum Garnieren beiseitelegen, die restlichen Muscheln aus der Schale lösen. Einzelne ungeöffnete Muscheln wegwerfen.
Den Muschelsud und die gleiche Menge Sahne in einen Topf geben, zum Kochen bringen und soweit reduzieren bis die Flüssigkeit beginnt, cremig zu werden. Currymischung zufügen und die Velouté zum Kochen bringen, durch ein feines Sieb passieren und die Muscheln darin erwärmen.

Kartoffelrisotto
Kartoffeln schälen und in 1cm x 1cm große Würfel schneiden. Olivenöl in einem Topf erwärmen, darin die Schalotten- sowie Kartoffelwürfel anschwitzen. Dann Knoblauch, Kapern, Oliven, Sardellen und Lorbeerblatt dazugeben und mit Salz und Pfeffer abschmecken. Mit Noilly Prat ablöschen, dann 300 ml Geflügelfond angießen und unter häufigem Rühren in etwa 10-15 Minuten garkochen, evtl. noch einmal Geflügelfond angießen. Die kalten Butterwürfel und den geriebenen Parmesan dazugeben und mit der Petersilie verfeinern. Nochmals mit Salz und Pfeffer abschmecken

Anrichten
Risotto auf vier vorgewärmten Tellern mittig anrichten. Die Velouté mit den Muscheln rundum verteilen und den Fisch aufs Risotto setzen.

Gebratene Stinte mit Gurkengemüse, Lyoner Kartoffeln und Salat

Rezept für 4 Personen

Zutaten:

Stinte

2 kg Stinte
1 Zitrone
Salz und Pfeffer aus der Mühle
Mehl
3 Scheiben Bacon
Rapsöl zum braten

Lyoner Kartoffeln

600 g festkochende Kartoffeln, gekocht und gepellt
3 Zwiebeln in Streifen geschnitten
½ Bd Blattpetersilie, gehackt
50 g Butter
Salz und Pfeffer aus der Mühle
30 g Butterschmalz

Salatgurke

2 Stck. Salatgurken
2 EL. Tomatenconcassée
Salz und Zucker
Essig zum Abschmecken
1 EL. geschnittenen Dill

Salat

2 Eier
Meersalz
200 g gemischte Salate
4 EL. Croûton`s
6 Scheiben Bacon

Vinaigrette

2 EL Schalottewürfel
1 Stange Frühlingslauch, in Steifen geschnitten
1 TL Senf
3 EL hellen Balsamicoessig
150 ml Sonnenblumenkernöl
Salz und Pfeffer aus der Mühle
Zucker

Zubereitung

Stinte
Den Stint am besten ohne Kopf und ausgenommen kaufen. Den Stint waschen, trocken tupfen, salzen und pfeffern. Mit Zitronensaft beträufeln, in eine Schale mit Mehl legen und den Fisch ordentlich durchschwenken. Den Speck in feine Würfel schneiden. Eine große Pfanne aufsetzen und den Speck in Öl glasig anschwitzen. Den Fisch aus der Schale nehmen und soviel Stint in die Pfanne legen, dass sie nicht übereinanderliegen. Von beiden Seiten schön knusprig braten und kurz auf etwas Küchenkrepp legen.

Lyoner Kartoffeln
Die gepellten Kartoffeln in gleichmäßige Scheiben schneiden. Das Butterschmalz in einer beschichteten Pfanne erhitzen und die Kartoffelscheiben bei mittlerer Hitze rundherum goldbraun braten. Feingeschnittene Zwiebelstreifen zugeben und ca. 3 Minuten mitbraten. Die kalte Butter in die Pfanne geben und die Kartoffelscheiben damit glasieren. Mit Salz und Pfeffer würzen. Zuletzt die Petersilie unterschwenken.

Salatgurke
Gurken längs halbieren und mit einem Löffel das Kerninnere herauskratzen. Die Gurkenhälften dann in dünne Scheiben schneiden. Butter in einem Topf zerlassen, Zucker dazugeben und die Gurkenscheiben darin 5 Minuten schmoren. Kurz vor dem Servieren mit Essig und Salz abschmecken und mit Dill und Tomatenwürfeln verfeinern.

Salat
Eier in einem Topf mit kaltem Wasser bedecken, leicht salzen, zum Kochen bringen und in 10 Minuten hart kochen. Kalt abschrecken, pellen und grob mit der Gabel zerdrücken. Salate putzen, waschen, trockenschleudern und in mundgerechte Stücke zupfen.
Speckscheiben der Breite nach in 0,5 cm dünne Streifen schneiden und in einer heißen Pfanne mit etwas Rapsöl, bei mittlerer Hitze knusprig braten. Auf Küchenpapier abtropfen lassen.
Salatblätter mit der Vinaigrette mischen und auf vier Beilagenteller aufteilen. Salate mit reichlich Speck, Croûtons und Eiern bestreuen.

Vinaigrette
Senf, Essig und eine Prise Salz glattrühren, dann das Öl in einem dünnen Strahl dazugießen. Schalottenwürfel und Lauch dazugeben, gut vermischen, die Vinaigrette mit Salz, Zucker abschmecken und mit frisch gemahlenen Pfeffer würzen.

Anrichten
Salatgurken auf den vorgewärmten Tellern anrichten und die Stinte dazulegen. Die Lyoner Kartoffeln sowie den Salat separat servieren.

Seeteufel-Rosmarin-Spieße mit Miesmuscheln im Anissud

Rezept für 4 Personen

Zutaten:

Seeteufel

1,6 kg Seeteufel
4 Rosmarinzweige
Olivenöl zum einreiben
Salz und Cayennepfeffer

Zitronenöl

100 ml Olivenöl
2 unbehandelte Zitronen
2 EL Zucker

Miesmuscheln

2 kg Miesmuscheln
2 EL Blattpeterslie in feine Streifen geschnitten

Anissud

4 Schalotten in Würfel geschnitten
2 Staudenselleriestangen
1 Fenchelknolle
1 TL Puderzucker
1 TL Aniskörner
60 ml Noilly Prat
60 ml Weißwein
250 ml Geflügelfond
1 Thymianzweig
1 Lorbeerblatt
1 Knoblauchzehe in Würfel geschnitten
2 Ingwerscheiben
Eine Prise Safranfäden
120 g kalte Butterflocken
Salz und Pfeffer aus der Mühle
2 Tomaten, enthäutet, geviertelt, entkernt und in Streifen geschnitten

Zubereitung

Seeteufelspieße
Den Seeteufel vorbereiten: enthäuten, von der Mittelgräte filieren und in gleich große Stücke schneiden. Die Rosmarinzweige anspitzen. Die Seeteufelstücke auf die Zweige spießen und mit Olivenöl einreiben. Die gelbe Schale der Zitronen in feine Streifen schneiden. Das Olivenöl mit dem Zucker und den Zesten gut verrühren.
Die Spieße von jeder Seite 2 Minuten braten, mit Salz und Cayennepfeffer würzen und mit dem Zitronenöl marinieren.

Muscheln
Die Muscheln gründlich waschen und bürsten. Geöffnete Muscheln dabei aussortieren und wegwerfen. In einem Topf Salzwasser zum Kochen bringen, die Muscheln hineingeben und kurz blanchieren bis sie sich öffnen. Mit einer Schaumkelle herausnehmen, geschlossene Muscheln dabei entfernen.

Anissud
Sellerie und Fenchel putzen und waschen. Den Fenchel vierteln und quer in dünne Streifen schneiden, den Sellerie schräg in dünne Scheiben schneiden. In einem Topf den Puderzucker karamellisieren, das Gemüse, Knoblauch- und Schalottenwürfel mit dem Anis einrühren und anschwitzen. Mit Noilly Prat und Weißwein ablöschen, auf die Hälfte einkochen lassen und mit dem Geflügelfond auffüllen. Lorbeer, Knoblauch, Thymian und Ingwer einlegen und den Safran einstreuen. Das Ganze ca. 15 Minuten mehr ziehen als köcheln lassen (bis das Gemüse bissfest ist).
Den Sud durch ein Sieb passieren, Ingwer, Lorbeer und Thymian entfernen. Die Butter in kleinen Stücken mit Hilfe eines Zauberstabs in den Sud mixen und mit Salz und Cayennepfeffer abschmecken. Das Gemüse mit den Tomatenstreifen wieder in den Sud geben.

Anrichten
Die Muscheln mit dem Sud mischen und in vier vorgewärmten Pastatellern anrichten. Mit der Petersilie bestreuen und die Seeteufelspieße dekorativ dazulegen.
Dazu passen Salzkartoffeln.

Rotkohlsalat mit Preiselbeervinaigrette und gebratener Entenleber

Rezept für 4 Personen

Zutaten:

Rotkohlsalat

1 kleiner Kopf Rotkohl
3 unbehandelte Orangen
1 unbehandelte Zitrone
50 ml Rotweinessig
2 TL Traubenkernöl
1 EL Walnussöl
2 EL Preiselbeeren (Glas)
Zucker
Salz und Pfeffer aus der Mühle
1 Gewürzsäckchen (zerstoßene Wacholderbeeren, Pfefferkörner, Lorbeer, Gewürznelke)

Apfelspalten

2 Granny Smith-Äpfel
2 TL Puderzucker
0,1 l weißen Portwein
1 EL Butter

Entenleber

400 g frische Entenleber oder Geflügelleber
1 TL Rapsöl
1 TL Puderzucker
2 EL Sherryessig
50 ml frischgepresster Orangensaft
30 g Butter
Salz und Pfeffer aus der Mühle
1 EL gehackter Rosmarin

Zur Dekoration

2 Hd geputzten und gewaschenen Feldsalat
1 Hd geputzten und gewaschenen Friseesalat

Zubereitung

Rotkohlsalat
Den Kopf vierteln und den Strunk keilförmig herausschneiden. Die äußeren, nicht so schönen Blätter entfernen. Den Rotkohl in feine Streifen schneiden, waschen und in einem Sieb abtropfen lassen. Von einer Orange sowie Zitrone die Schale fein abreiben oder mit einem Zestenreißer Zesten abziehen. Alle Orangen halbieren, den Saft auspressen (es sollte etwa 100 ml Saft ergeben) und diesen mit den Zitrusabrieb verrühren. Den Orangensaft mit Rotweinessig, Traubenkernöl, Walnussöl und Preiselbeeren verrühren. Das Dressing mit Salz, Pfeffer und Zucker abschmecken und über den feingeschnittenen Rotkohl geben. Die Zutaten ca. 5 Minuten leicht mit den Händen kneten, dann das Gewürzsäckchen dazugeben und den Salat abgedeckt 24 Stunden im Kühlschrank marinieren.
Das Gewürzsäckchen entfernen und den Rotkohl nochmals nach Belieben abschmecken. Den Rotkohlsalat mindestens 1 Stunde vor dem Servieren aus dem Kühlschrank nehmen, damit sich sein Aroma voll entfalten kann.

Apfelspalten
Die Äpfel waschen, achteln und mit Hilfe eines Messers in halbmondartige Spalten tournieren. In einer Pfanne bei geringer Hitze den Puderzucker hell karamellisieren lassen, die Apfelspalten darin auf beiden Seiten anbräunen, mit Portwein ablöschen und die Butter hineinschmelzen lassen. Das Ganze solange garen, bis keine Flüssigkeit mehr vorhanden ist und die Apfelspalten schön glasiert sind.

Entenleber
Die Leber säubern, dabei die Galle sorgfältig entfernen. In einer Pfanne bei mittlerer Hitze in Öl von allen Seiten 2-3 Minuten rosa braten. Aus der Pfanne nehmen und warmhalten. Puderzucker in die noch heiße Pfanne stäuben, karamellisieren lassen, mit Sherryessig ablöschen, Orangensaft dazugeben und die Flüssigkeit leicht einköcheln lassen.
Den gehackten Rosmarin hinzufügen, erwärmen und die Butter hineinschmelzen lassen. Die Entenlebern zurück in die Pfanne legen, salzen und pfeffern, leicht erwärmen, gut durchschwenken, sodass sie mit der Sauce überzogen bzw. glasiert sind.

Anrichten
Den Rotkohlsalat mittig auf Tellern anrichten, die Apfelspalten anlegen und die Entenleber dazu legen. Mit Frisee- und Feldsalat garnieren.

Fasanenbrust mit Sauerkraut, glasierten Weintrauben, krossem Speck und Croûtons

Rezept für 4 Personen

Zutaten:

Fasan

4 Fasanenbrüste, ohne Haut und Sehnen
2 EL Butter
Salz und Pfeffer aus der Mühle
100 g Bacon in feine Streifen geschnitten
120 g kernlose und abgezogene weiße Weintrauben
4 EL geröstete Croûtons

Sauce

0,4 l braunen Geflügelfond
200 g Schlagsahne
5 zerdrückte Wacholderbeeren
etwas Cognac
2 EL eiskalte Butterwürfel

Sauerkraut

100 g Zwiebelstreifen
100 g Apfelschnitze
60 g Schweineschmalz
0,3 l Wasser
1 kg gewässertes Sauerkraut
50 g Speckwürfel
1 Gewürzbeutel
(Kümmel, Nelke, Wacholderbeeren, Lorbeerblatt)
0,1 l Weißwein
1 EL Honig
100 g kalte Butterwürfel

Zubereitung

Fasan
Den Backofen auf 80°C vorheizen.
Die Brüste unter fließendem Wasser kurz abwaschen und danach trockentupfen. Die Brüste nebeneinander auf eine gebutterte Platte legen, mit Klarsichtfolie fest überziehen und dann im vorgeheizten Ofen ca. 12-16 Minuten (Kerntemperatur 58°C) garen. Die Speckstreifen in einer Sauteuse mit etwas Öl kross ausbraten. Danach die Weintrauben sowie die Croûtons hinzufügen und kurz durchschwenken und zur Seite stellen. Die Butter in einer Pfanne goldbraun werden lassen und die Fasanenbrüste darin rundherum ganz kurz braten. Mit Salz und Pfeffer würzen.

Sauce
Den Fond auf die Hälfte reduzieren. Die Wacholderbeeren in die Sauce geben und ein paar Minuten ziehen lassen. Kalte Butterwürfel mit dem Stabmixer einschlagen. Die Sauce durch ein Sieb passieren, mit ein paar Tropfen Cognac abschmecken und mit der geschlagenen Sahne verfeinern.

Sauerkraut
Speckwürfel, Zwiebelstreifen und Äpfel im erhitzten Schweineschmalz farblos anschwitzen. Wasser angießen und aufkochen. Sauerkraut aufgelockert in den kochenden Ansatz geben, mäßig salzen und durchrühren. Alles rasch zum Kochen bringen, damit sich das Sauerkraut nicht verfärbt. Gewürzbeutel in die Mitte stecken. Das Geschirr zudecken und den Inhalt bei mäßiger Hitze garen. Bei fehlender Flüssigkeit jeweils nur die unbedingt erforderliche Menge nachgeben. Nach etwa halber Garzeit den Weißwein angießen.
Wenn das Sauerkraut genügend gar ist, den Gewürzbeutel entfernen.
Das Kraut mit dem Honig abschmecken und mit den kalten Butterwürfeln vollenden.
Gegartes Sauerkraut soll hell sein, appetitlich glänzen, fast keine sichtbare Flüssigkeit aufweisen, einen feinen säuerlichen Geschmack haben und beim Verzehren den Zähnen noch leichten Widerstand bieten.

Anrichten
Das Sauerkraut auf vier vorgewärmte Teller verteilen. Die aufgeschnittene Fasanenbrust darauf anrichten und mit Speck, Trauben und Croûtons belegen. Mit der Sauce umgießen.

Im Salzteig gegartes Roastbeef mit Zitronen-Zwiebelchutney, Schwarzwurzeln und Meerrettichpüree

Rezept für 4 Personen

Zutaten:

Roastbeef

1,5 kg Roastbeef mit leichter Fettschicht
3 EL Senf
100 g gehackte Kräuter (Rosmarin, Thymian, Petersilie, Estragon)
Schwarzer Pfeffer aus der Mühle
1 Knoblauchzehe
2 EL ÖL
300 g Mehl und Mehl zum Arbeiten
200 g grobkörniges Meersalz
Rapsöl

Zitronen-Zwiebelchutney

3 Bio-Zitronen
5 gepellte Zwiebeln
30 g frischer Ingwer
1 rote Chilieschote
40 ml Olivenöl
100 g Zucker
100 ml trockener Weißwein
Salz und Pfeffer aus der Mühle
1 EL frisch gehackter Thymian

Schwarzwurzeln

1 kg Schwarzwurzeln
3 EL Zitronensaft
2 Schalotten, in Würfel geschnitten
1 Stck frischer Ingwer, geschält und gerieben
½ Bd Blattpetersilie, gehackt
2 unbehandelte Orangen
2 EL Butter
3 TL Zucker
100 g Créme fraîche
Salz und Pfeffer aus der Mühle

Meerrettichpüree

500 g mehligkochende Kartoffeln
80 ml Milch
80 ml Sahne
200 g Butter
Salz und frischgeriebene Muskatnuss
50 g frischgeriebener Meerrettich
50 g Sahne-Meerrettich aus dem Glas

Zubereitung

Roastbeef
Das Fett mit einem scharfen Messer rautenförmig einschneiden, dabei nicht in das Fleisch schneiden. Das Fleisch rundherum mit Pfeffer würzen. Rapsöl in einer Pfanne erhitzen. Das Roastbeef darin von allen Seiten goldbraun und knusprig anbraten. Danach kaltstellen.
Mehl und Salz in einer Schüssel vermischen und so viel kaltes Wasser unterrühren, bis ein formbarer Teig entstanden ist. Zugedeckt 15 Minuten ruhen lassen.
Knoblauch abziehen, durch die Presse drücken. Das Roastbeef mit dem Knoblauch einreiben, mit Senf bestreichen und mit den gehackten Kräutern bestreuen.
Salzteig auf einer bemehlten Arbeitsplatte so groß ausrollen, dass das Fleisch damit umhüllt werden kann. Roastbeef in die Mitte legen und die Teigenden über dem Braten verschließen. Gut zusammendrücken und die Teigdecke mehrmals mit einer Gabel einstechen, damit der Dampf entweichen kann. Den Backofen auf 180° vorheizen. Den umhüllten Braten vorsichtig auf ein mit Öl bestrichenes Backblech legen. Das Roastbeef auf der mittleren Schiene ca. 30 Minuten garen, danach die Temperatur auf 135°C runter schalten und nochmals 20 Minuten garen (bei einer Kerntemperatur von 52°C rausnehmen).
Roastbeef aus dem Ofen nehmen und einige Minuten ruhen lassen, damit sich der Fleischsaft verteilen kann. Die goldbraune Salzkruste aufbrechen, das saftig und rosa gebratene Fleisch herausholen und in Scheiben schneiden.
Die Scheiben nochmals mit Salz und Pfeffer würzen.

Zitronen-Zwiebelchutney
Die Zitronen heiß abspülen. Die Schale mit einem Sparschäler fein abschälen und hacken. Die Zitronen dann so schälen, dass die gesamte weiße Haut entfernt wird. Das Fruchtfleisch in Würfel schneiden. Die Zwiebeln in feine Würfel schneiden. Die Chilischote halbieren, entkernen und in feine Streifen schneiden. Ingwer schälen und fein reiben.
Zwiebeln, Ingwer und Chili in Olivenöl andünsten. Zucker hinzufügen und hell karamellisieren lassen. Mit Weißwein ablöschen, die Zitronenschale zugeben und kurz köcheln lassen. Zwiebeln zugeben und alles weiter einkochen, bis die Flüssigkeit fast verkocht ist. Zitronenwürfel zugeben und einmal aufkochen lassen. Mit Salz und Pfeffer abschmecken und mit dem gehackten Thymian verfeinern.

Schwarzwurzeln
Schwarzwurzeln gründlich abbürsten, schälen und sofort in eine Schüssel mit Wasser und Zitronensaft legen, damit sie hell bleiben. Schwarzwurzeln herausnehmen, abtropfen lassen und in ca. 5 cm. lange Stücke schneiden. In kochendem Salzwasser bissfest garen und in Eiswasser abschrecken.

Orangen waschen, abtrocknen und die Schale abreiben. Orangen auspressen. Schalottenwürfel und Ingwer in Butter andünsten. Schwarzwurzeln zugeben, mit Zucker bestreuen und unter Rühren braten, bis sie leicht gebräunt sind. Orangensaft und ca. 150 ml Schwarzwurzelgarsud angießen und zum Kochen bringen. Sauce etwas einkochen, dann Creme fraîche und Orangenschale untermischen. Mit Salz und Pfeffer abschmecken und mit Petersilie verfeinern.

Meerrettichpüree
Kartoffeln schälen und in grobe Stücke schneiden. In Salzwasser weich kochen, abgießen und durch die Püreepresse drücken. Milch und Sahne erhitzen und mit der Butter unter den Schaum rühren. Mit Salz, Muskat abschmecken und mit Sahnemeerrettich und frischgeriebenen Meerrettich verfeinern.

Anrichten
Alle Zutaten auf vorgewärmten Tellern dekorativ anrichten.

Ragout von der Rinderbacke mit Perlzwiebeln und Kartoffel-Selleriepüree

Rezept für 4 Personen

Zutaten

Fleisch

1,2 kg Rinderbacken
2 l Rotwein (davon wird 1,5 l zum Marinieren benötigt, die anderen 0,5 l zum schmoren)
120 g Möhren, geputzt und grob gewürfelt
150 g Zwiebeln, geschält und grob gewürfelt
Salz und Pfeffer aus der Mühle
3 Thymianzweige
3 Petersilienzweige
3 Majoranzweige
2 Knoblauchzehen, abgezogen
1 Gewürzsäckchen (1 Lorbeerblatt, 1 TL. weiße Pfefferkörner, 2 Gewürznelken,)
0,2 l dunkler Kalbsfond
50 g kalte Butterwürfel
Speisestärke

Kartoffel-Selleriepüree

350 g Kartoffeln
1 kleine Sellerieknolle
Saft von einer ½ Zitrone
0,2 l Sahne
1 EL Butter
Salz und Pfeffer aus der Mühle
Frischgeriebene Muskat
50 g kalte Butterwürfel

Perlzwiebeln

200 g Perlzwiebeln (Ersatz auch Schalotten)
½ TL Puderzucker
30 g Butter

Speck/Champignons

80 g durchwachsener Speck
250 g Champignons, geputzt und geviertelt
1 EL gehackte Petersilie
Rapsöl zum Braten

Zubereitung

Fleisch
Am Vortag die Rinderbacken in 3-4 cm große, etwa 70g schwere Stücke schneiden. Für die Marinade den Rotwein aufkochen und abkühlen lassen. Nun das Fleisch mit dem Gemüse darin einlegen und marinieren. Alles zugedeckt für 24 Stunden in den Kühlschrank.

Am nächsten Tag: Fleisch und Gemüse aus der Marinade nehmen und trockentupfen.
Öl in einem angemessenen Topf erhitzen und das Fleisch ringsherum braun anbraten. Mit Salz und Pfeffer würzen, das Gemüse aus der Marinade hinzufügen und mit braten.
Den Backofen auf 180° C vorheizen. Jetzt das Bratfett abgießen und mit der Marinade auffüllen. Das Fleisch sollte etwa dreiviertel vom Wein bedeckt sein, sonst noch etwas Rotwein zugießen. Dann die Kräuter, den Knoblauch sowie das Gewürzsäckchen zufügen. Alles einmal aufkochen lassen und abschäumen. Den Deckel auflegen und im Ofen ca. 2,5 – 3 Stunden schmoren. Mit einen Holzlöffel hin und wieder durchrühren und gegebenenfalls etwas Wasser zufügen.
Wenn das Fleisch weich ist, das Fleisch mit Hilfe einer Fleischgabel ausstechen und das Gewürzsäckchen sowie die Kräuter entfernen. Die Sauce durch ein Sieb passieren, dabei das Gemüse kräftig ausdrücken. Zur Sauce den dunklen Kalbsfond geben. Kurz aufkochen, etwas mit Speisestärke binden, abschmecken mit Salz, Pfeffer und mit kalten Butterstückchen verfeinern. Jetzt die Rinderbacken wieder zufügen.

Kartoffel-Selleriepüree
Für das Püree: Die Sellerieknollen und Kartoffeln waschen, schälen und kleinschneiden. Den Sellerie mit Zitronensaft im Salzwasser kurz blanchieren und mit einem Schaumlöffel herausnehmen. In einem angemessenen Topf Butter zerlassen, Kartoffel- und Selleriewürfel hinzufügen und anschwitzen. Mit Salz, Pfeffer und Muskat würzen, Sahne dazu gießen und bei schwacher Hitze sehr weich garen. Die Kartoffel-Selleriestücke mit Hilfe einer Schaumkelle herausnehmen und im Mixer fein pürieren. Zum Schluss kalte Butterwürfel unterrühren und nochmals abschmecken.

Perlzwiebeln
Die Perlzwiebeln nebeneinander in eine Kasserolle passender Größe setzen, mit Puderzucker bestäuben und zur Hälfte mit Geflügelfond bedecken. Den Deckel auflegen und rasch aufkochen. Den Deckel abnehmen und die Zwiebeln bei schwacher Hitze so lange garen, bis das Wasser verdampft ist und die Zwiebeln glasiert sind. Butter hinzufügen und die Perlzwiebeln in der Butter leicht bräunen.

Speck/Champignons
Die Speckstreifen in Öl knusprig braten und auf einem Küchenpapier abtropfen lassen. Die Champignons in Öl scharf anbraten und mit Salz und Pfeffer würzen, ebenfalls auf Küchenpapier abtropfen lassen. Speck und Pilze mit der Petersilie vermischen.

Anrichten
Die Fleischstücke mittig auf vier vorgewärmten Tellern anrichten. Das Püree mit den restlichen Zutaten dekorativ um die Rinderbacken anrichten und zum Schluss das Ganze mit Sauce umgießen.

Warmer Schokoladenauflauf mit Clementinenragout und Tonkabohneneis

Rezept für 4 Personen

Zutaten:

Schokoladenauflauf

1 Vollei
1 Eigelb
10 g Zucker
75 g Butter
75 g Bitterschokolade
20 g Mehl

Clementinenragout

4 Clementinen, filitiert
50 g Zucker
1 Vanillestange, halbiert und ausgeschabt
1 Zimtstange
1 Nelke
1 Sternanis
30 ml Grand Marnier

Sabayone

2 Eigelbe
30 g Weißwein
15 g Grand Marnier
30 g Zucker

Tonkabohneneis

12 cl Milch
12 cl Sahne
60 g Zucker
4 Eigelbe
2 Tonkabohnen

Zubereitung

Schokoladenauflauf
Vier Aluringe von 6 cm Durchmesser mit Butter einpinseln und mit Mehl einpudern. Die Ringe auf ein Backblech mit Backpapier setzen. Vollei und Eigelb mit Zucker fest aufschlagen. Die Butter mit der Schokolade im Wasserbad schmelzen und das gesiebte Mehl unterrühren, dann die Eiermasse unterheben und sofort die Ringe halb füllen und auf 200°C im Ofen 8 Minuten backen.
In der Zwischenzeit die Zutaten für die Sabayone über dem Wasserdampf schaumig schlagen.

Clementinenragout
Zucker hell karamellisieren, mit dem aufgefangenen Clementinensaft ablöschen und die Gewürze hinzufügen. Das Ganze einmal aufkochen lassen. Mit dem Grand Marnier auffüllen, auf die Hälfte reduzieren und über die Clementinenfilets gießen.

Tonkabohneneis
Milch, Sahne, geriebene Tonkabohnen und einen Teil des Zuckers aufkochen, anschließend die Eigelbe mit dem restlichen Zucker schaumig schlagen und mit der aufgekochten Sahne-Milchmischung zur Rose abziehen, so dass die Masse eine leichte Bindung erhält. Etwas abkühlen lassen und in einer Eismaschine gefrieren. Am besten am Vortag produzieren.

Anrichten
Vom Schokoladenauflauf vorsichtig die Ringe entfernen und die Aufläufe auf die Teller setzen. Clementinenragout und Sabayone dazugeben und je eine Nocke Tonkabohneneis.

Crottin de chavignol mit Chicorèe und Portweinfeigen

Rezept für 4 Personen

Zutaten:

4 Stck. Crottin de chavignol
2 Rosmarinzweige
Etwas Olivenöl
2 Kerbelzweige

Chicorèe

3 Stck. Chicorèe in Blätter
Saft von einer Limone
1 EL Puderzucker
2 cl weißen Portwein
1 cl Weißwein
25 g Butter

Feigen

4 Feigen
100 ml roten Portwein
100 ml Grand Marnier
Puderzucker

Zubereitung

Crottin de chavignol
Den Ofen auf Grillfunktion einstellen.
Vom Käse mit einem scharfen Messer die äußere Haut ganz leicht entfernen. Mit dem Rosmarin in eine feuerfeste Form geben und mit Olivenöl beträufeln. Das Ganze jetzt für ca. 5-7 Minuten in den Ofen geben und gratinieren.

Chicorèe
Die Chicorèeblätter in Butter anschwitzen, mit Puderzucker bestäuben und mit Limonensaft beträufeln. Den weißen Portwein sowie den Weißwein hinzufügen und solange kochen, bis der Chicorèe weich ist.

Feigen
Für die Portweinfeigen den Backofen auf 180°C vorheizen. Die Feigen hauchdünn schälen, mit einem Zahnstocher mehrfach einstechen und sehr eng in eine feuerfeste Form legen. Mit Puderzucker bestäuben, mit Portwein und Grand Manier angießen. Die Feigen 10-12 Minuten auf der mittleren Schiene des Ofens pochieren und im Sud auskühlen lassen. Danach jede Feige in vier Spalten schneiden.

Anrichten
Die Chicoreeblätter dekorativ auf vier Tellern anrichten. Crottin de chavignol in die Mitte stellen und die Feigen dazulegen. Mit Kerbel garnieren.

Dirk Luther

Zu ihm geht man normalerweise nicht einfach so. Ein Sterne-Menü bedarf in der Regel eines Anlasses: Hochzeitstag, Geburtstag, ein ganz besonderes Geschenk. Entsprechend ist dann die Erwartungshaltung. Nicht weniger als „unvergesslich" darf es sein.

Und genau das ist es. Wer das Restaurant Meierei Dirk Luther im Vitalhotel Alter Meierhof in Glücksburg verlässt, tut dies mit einem beglückten Lächeln und der Gewissheit, gerade einen sehr besonderen Abend erlebt zu haben. Einen unvergesslichen eben. Und diese Unvergesslichkeit kreiert Dirk Luther mit einer erstaunlichen Leichtigkeit und Konstanz bereits seit vielen Jahren. Und immer wirkt er dabei glücklich.

Allerdings bedarf es durchaus einer gewissen Leidensfähigkeit, Sternekoch zu sein. Schwächen? Nicht erlaubt. Mal einen schlechten Tag (oder auch nur zehn miese Minuten) haben? Besser nicht. Morgens in Ruhe mit der Familie frühstücken und abends gemeinsam den Tatort anschauen? Nicht mal am Wochenende möglich, Feierabend ist frühestens um 23 Uhr. Entspannter Urlaub am Strand? Nein. Lieber bei Kollegen hospitieren, um sich inspirieren zu lassen. Und am freien Tag? Da muss die eigene Fernsehsendung gedreht, ein Buffet organisiert und ein Kochbuch geschrieben werden. Kurz: Koch auf Sterneniveau zu sein, bedeutet Verzicht und Entbehrung. Und es verlangt ein hohes Maß an Besessenheit und Leidenschaft, um all das auf Dauer ertragen zu wollen.

Warum tut Dirk Luther sich das an? Warum steht er seit dreißig Jahren jeden Tag von morgens halb zehn bis nachts um 23 Uhr in der Küche? Was treibt ihn an?

Beweisen muss er doch längst nichts mehr. Seit 2008 ist seine Küche mit zwei Sternen im Guide Michelin ausgezeichnet. Der Gourmetführer Gault Millau bewertet seine Kochkunst mit 18 von 20 möglichen Punkten. Monarchinnen und Regierungschefs hat er bekocht. Nicht nur der dänischen Königin Margrethe hat Dirk Luther aufgetischt, auch Bundeskanzlerin Angela Merkel und ihr Amtsvorgänger Gerhard Schröder ließen sich von ihm verwöhnen. Nicht, dass Dirk Luther sich damit schmücken würde. Egal ob Ministerpräsident oder Maurer, er behandelt alle seine Gäste gleich.

Wer jedoch all das bereits vor seinem 50. Lebensjahr erreicht hat, könnte kürzertreten. Ein kleineres und „normaleres" Restaurant eröffnen. Den Küchenkram anderen überlassen, um sich endlich und erstmals Zeit für andere Dinge nehmen. Für sich selbst zum Beispiel, oder für die eigene Familie.

Das Veto käme an dieser Stelle gar nicht unbedingt von Dirk Luther selbst, sondern von seiner Frau Corinna. Sie kennt die Besessenheit ihres Mannes. Seinen Anspruch, stets und bei allem, was er tut, das Beste zu geben. Seine überbordende Kreativität, die ihren Raum fordert. Seine Leidenschaft für Lebensmittel. Und vielleicht ist es ihr auch lieber, wenn er seinen unstillbaren Perfektiondrang eher in der Küche seines Restaurants auslebt als zu Hause.

Es ist eine enorme Schaffens- und Schöpfungskraft, die Dirk Luther seit jeher befeuert. Dieser unbedingte Wille, immer wieder die Grenzzäune des Gewohnten einzureißen, kulinarisches Neuland zu betreten und ganz neue Aromen zu kreieren. Diesen Willen schmeckt man. Er macht Dirk Luthers ausgefeilte Menüs zu einem überraschenden und stets aufs Neue beglückenden Geschmackserlebnis. Und dies mit jedem Jahr mehr. Seit beinahe 20 Jahren kocht Dirk Luther auf Sterneniveau. Stehengeblieben ist er dabei kein einziges Mal. Zurückblicken und Rasten sind seine Sache nicht. Sein Blick ist stets nach vorne gerichtet. Er will weiter. Hat er ein Ziel erreicht, setzt er sich sofort ein neues. Eines, das noch schwerer zu erreichen ist. Und so erweitert Dirk Luther kontinuierlich die eigenen Grenzen: die seiner Ansprüche, seiner Perfektion, seines Handwerks, seiner Kreativität.

Dirk Luther ist Koch aus Leidenschaft. Das zeigen schon die Stationen seiner steilen Karriere als Koch. Nach der Lehre im renommierten Anglo-German-Club in Hamburg verfeinerte er seine Kunst unter anderem im berühmten Hotel Vier Jahreszeiten Hamburg und dem bekannten Sternerestaurant Louis C. Jacob. Seinen ersten, später auch den zweiten Stern erkochte er sich im Töpferhaus am Bistensee, bevor er 2006 als Küchenchef ins Vitalhotel Alter Meierhof in Glücksburg wechselte. Seit 2014 ist Dirk Luther dort nicht nur Koch, sondern auch Geschäftsführer, hat so – nach dem Restaurant – auch dem gesamten Hotel seinen Stempel aufgedrückt. Perfektion und Leidenschaft eben. Sie haben dazu beigetragen, den im nördlichsten Zipfel Schleswig-Holsteins gelegenen Alten Meierhof zu einer Adresse zu machen, an der man nicht nur stoppt, wenn man eben mal in der Nähe ist. Viele seiner Stammgäste nehmen weite Anfahrtswege in Kauf, um Dirk Luthers grundehrliche, klassisch französische Küche mit ihren immer neuen modernen Akzenten zu erleben.

Vielleicht ist das die Antwort auf die Eingangsfrage, warum Dirk Luther sich das antut, warum er die Entbehrungen, die sein Beruf mit sich bringt, erträgt: Einerseits weil er das große Glück hat, seiner grenzenlosen Leidenschaft folgen zu können und seine Philosophie von Kulinarik und Gastronomie leben zu dürfen. Aber auch weil er gar nicht anders kann. So ist das eben bei Besessenen.

Und daher wird Dirk Luther auch weiterhin von morgens halb zehn bis nachts um 23 Uhr in der Küche stehen. Auch weiterhin keinen Strandurlaub machen. Auch weiterhin an seinem freien Tag Rezepte kreieren, Kochbücher schreiben oder Buffets planen. Und wissen Sie was? Er wird jede Minute davon genießen.

Tobias Plöger

Hans-Ruprecht Leiß

Hans-Ruprecht Leiß wurde 1954 in der kleinen, gelegentlich nebligen, immer salzigen Stormstadt Husum an der Nordsee geboren. Hier verbrachte er eine Kindheit, die geprägt war von der rauhen Landschaft, den Watten der Nordseeküste, ihren Bewohnern und den unzähligen Geschichten langer Winterabende.

Diese Heimat unter dem Wind verließ er 1977 widerstrebend, um in Flensburg, der alten Rum- und Handelsstadt an der Pädagogischen Hochschule das Studium für das Lehramt aufzunehmen. Den Beruf des Lehrers hat Hans-Ruprecht Leiß jedoch gleich an den Nagel gehängt, um sich voll und ganz der Kunst des Zeichnens und Radierens zu widmen. In der Folge wurde aus dem überzeugten Nordfriesen ein ebenso passionierter Flensburger. Die Stadt an der Förde entwickelte sich schnell für den Maler und Zeichner zum unentbehrlichen Nährboden für seine phantasiegetränkten Bildwelten.

Der deutlich niedrigere Salzgehalt der Ostsee wurde im Laufe der Jahre durch eine stetig wachsende Liebe zu den Buchenwäldern Angelns und der Ostseeküste mehr als ausgeglichen. Heute lebt und arbeitet Hans-Ruprecht Leiß mit seiner Frau Sonja als freischaffender Künstler in Rufweite des Strandes, quasi mit beiden Füßen in seinem Lebenselixier.

Inhalt

Impressum

Hans-Ruprecht Leiß
Dirk Luther

SCHÜSSELTREIBEN

ISBN 9783981706666

Gesamtherstellung: Druckhaus Leupelt GmbH, Handewitt

Edition Eichthal
www.edition-eichthal.de
jess@edition-eichthal.de

Bibliografische Information der Deutschen Nationalbibliothek
Die Deutsche Nationalbibliothek verzeichnet diese Publikation in der Deutschen Nationalbibliografie; detaillierte bibliografische Daten sind im Internet über „http://d-nb.ddb.de" abrufbar.